ToStahl

Stahlschmuckpreis IV

ARNOLDSCHE
Art Publishers

Tot

Stahl

Stahlschmuckpreis IV

Metallgestaltung
an der Fakultät Gestaltung der
HAWK Hochschule für
angewandte Wissenschaft
und Kunst, Hildesheim,
Holzminden, Göttingen

KOLLOQUIUM NRW

Vorspann

06 Ruprecht Vondran **08** Jutta Vondran **10** Hartwig Gerbracht **12** Chronik **14** Metallgestaltung in Hildesheim heute, Barbara Maas

Seite 18
Preisträger

20 Jan Benedikt Mathee **22** Thanh-Truc Nguyen **24** Bernhard Simon **26** Thomas Stöckl

Seite 28
Studierende

30 Jens Backhus **32** Lara De Silva **34** Rahel Fiebelkorn **36** Lennart Lohmann **38** Hiawatha Seiffert **40** Alexander Seitz **42** Stefan Strube **44** Jens Wilhelm

Seite 46
Alumni

48 Aliki Apoussidou **50** Saskia Detering **52** Jochen Garms **54** Michael Haas **56** Eva Harenberg Ullrich **58** Jan Hebach **60** Robert Hoffmann **62** Gunther Löbach **64** Melanie Nützel **66** Julia Reymann **68** Isabell Schaupp **70** Petra Schmalz **72** Somchart Suphanaphasote **74** Ralf Tegtmeier **76** Lilli Veers **78** Silke Wrede

Seite 80
Gäste

82 Anne Achenbach **84** Volker Atrops **86** David Besenfelder **88** Georg Dobler **90** Hartwig Gerbracht **92** Luise Herb **94** Mirjam Hiller **96** Ruprecht Holsten **98** Margit Jäschke **100** Thomas Leu **102** Claudia Rinneberg **104** Ines Schwotzer **106** Peter Skubic **108** Silke Trekel **110** Vera von Claer

Abspann

112 Ausstellungen Teilnehmer **124** Werkstätten der Fakultät Gestaltung an der HAWK in Hildesheim **128** Dank und Impressum

Vorwort
Ruprecht Vondran

Meister der guten Form

Begriffe fließen. Wer versucht „Kunst", „Kunsthandwerk" und „Kunstgewerbe" feste Konturen zu geben und sie auf diese Weise gegeneinander abzugrenzen, findet keinen festen Halt. Kunst, so entnimmt man dem Lexikon, ist „ein menschliches Kulturprodukt, das Ergebnis eines konstruktiven Prozesses". Darunter zu fassen ist „jede entwickelte Tätigkeit, die auf Wissen, Übung, Wahrnehmung, Vorstellung und Intuition gegründet ist". Das lässt wahrlich weiten Raum für einen geradezu inflationären Gebrauch. Fast jede Fertigkeit ist hier einzuordnen. So spricht man von Heilkunst, Reitkunst, Kochkunst, Redekunst, Rechenkunst, Schreibkunst usw. Auch wo viele Fähigkeiten zusammenfließen und besonderer Respekt am Platz ist, ist Kunst im Spiel: „Lebenskunst". Selbst wer täuscht und trickst, kann dem Worte nach ein Künstler sein. „Diebeskunst" und „Schwarze Kunst" sind hier zu nennen. Selbst damit aber ist das Anwendungsfeld bei weitem nicht abgesteckt. An dieser Stelle bleibt lediglich festzuhalten, dass es kaum einen Begriff gibt, der ähnlich schillert. Kunst ist ein Chamäleon, das in Anpassung an sein Umfeld viele Farben tragen kann. Wer dem Wort Halt und Richtung geben will, muss schon ein Attribut hinzufügen und von „schönen Künsten", „bildender Kunst", „darstellender Kunst" oder „musikalischer Kunst" sprechen.

Schon dies lässt ahnen: Kunsthistoriker stehen auf schütterem Boden, wenn sie zwischen Kunst und Kunsthandwerk eine tiefe Schneise legen wollen. Vor dem eingangs Gesagten kann das nicht überraschen. Wer sich für solche Unterscheidungen ausspricht, kommt in Verlegenheit, etwa wenn er die Leistungen der Glaskünstler an alten Kirchen, der Buchmaler in Heiligen Schriften, der Weber von Gobelins, der Gold- und Silberschmiede an Altären und Tafeln einzuordnen hat.

Bis zum Beginn der Neuzeit war eine solche Trennungslinie ohnehin nicht scharf gezogen. Jahrhunderte lang gehörten Künstler zum Stand der Handwerker. Man wusste wohl die Qualität einer Arbeit vom Gros des Angebots zu unterscheiden. Die Begabtesten waren von vielen Auftraggebern umworben und zogen von Hof zu Hof, von Dom zu Dom, von Stadt zu Stadt. Aber sie traten hinter ihr Werk zurück. Viele Namen sind uns nicht überliefert. Die Kunsthistoriker müssen sich mit Umschreibungen begnügen. Sie sprechen z. B. vom „Naumburger Meister", oder „Meister von Flémalle" und versuchen, mit stilistischen Untersuchungen großen Künstlern nachträglich individuelle Identität zu geben, ihren Weg zu verfolgen und ihnen Kunstwerke zuzuordnen.

n reicht

Auch heute noch gibt es in manchen Kulturen keine strenge Unterscheidung von Kunst und Kunsthandwerk. Den Japanern z. B. ist diese Differenzierung fremd. Sie bewundern Lackarbeiten, Porzellan und Keramik als Ausdrucksform künstlerischer Gestaltungskraft, die Teil ihres „Weg des Tees" sind. Sie zahlen Höchstpreise für Leistungen der Schmiede, Graveure und Schnitzer, deren Arbeiten von der Kultur der Samurai nicht zu trennen sind.

Auch die angewandten Künste haben das Bemühen, sich gegenüber dem Kunstgewerbe abzugrenzen. Dabei machen sie geltend: „Die Produkte der Kunsthandwerker sind in eigenständiger, handwerklicher Arbeit und nach eigenen Entwürfen gefertigte Unikate (Autorenprodukte)". Kunstgewerbler hingegen, so ihr Argument, lebten von der Vervielfältigung der einmal gefundenen Form. Doch auch eine solche Trennungslinie ist nur als misslungener Versuch zu werten, eine klare Kontur zu ziehen, wo Begriffe ineinander fließen. Zum Beleg ein Zitat aus der Selbstdarstellung der HAWK Hochschue für angewandte Wissenschaft und Kunst, Hildesheim: „Der Werkstoff Metall wird im Studiengang universell im Unikat oder für die Serie eingesetzt, dabei ist wichtig, in jedem Produkt die Reproduzierbarkeit des Entwurfes zu prüfen. Serielle Schmuck- und Gerätearbeiten gehören in den Projekten zum Inhalt. Durch die Zusammenarbeit mit Industrie und Manufakturen, darüber hinaus in Wettbewerben, werden die Studenten gefördert und gefordert." Es gibt also offenbar im oben angesprochenen Sinn keine Berührungsängste.

Auch das „Kolloquium Nordrheinwestfalen" kennt solche Berührungsängste nicht. Deshalb hat es mit der HAWK Hochschule für angewandte Wissenschaft und Kunst in Hildesheim, „wo man sich der Tradition verpflichtet fühlt, die Grundlagen moderner Gestaltung aber in den Vordergrund stellt und dabei die herkömmlichen Handwerkstechniken pflegt", Zusammenarbeit gesucht. Das Ergebnis finden Sie in dieser Ausstellung und seinem Begleitbuch.

Meister der Form finden sich in Kunst, Kunsthandwerk und Kunstgewerbe. Qualität gibt es hie wie dort. Sie zu entdecken, zu fördern und zu pflegen, insbesondere junge Talente auf diesem Weg zu begleiten, ist wichtiger als Begriffe hin- und her zu wenden. Und damit ist zugleich die Richtung beschrieben, in der auch das Kolloquium NRW seine Aufgaben sucht.

Vorwort
Jutta Vondran
Kolloquium NRW

Das Kolloquium Nordrhein Westfalen wurde am 22. Oktober 1990 mit einem kleinen Kapital aus der Stahlindustrie als gemeinnütziger Verein gegründet. Der Satzungszweck wird u.a. verwirklicht durch die Förderung junger Künstler. Dem Vorstand gehören an: Ruprecht Vondran (Vorsitzender), Albrecht Kormann und Georg Müller. Geschäftsführerin ist Kerstin Dürholt. Für die Projekte verantwortlich ist Jutta Vondran, die auch als Jurymitglied für die jeweiligen Fördermaßnahmen mitwirkt.

1994 führt das Kolloquium sein erstes Projekt durch: Es veranstaltet die Ausstellung „Metaller – Plastiker aus Ostdeutschland" im Kunstpalast Düsseldorf sowie im ARBED Konzern Luxemburg, in der auch Arbeiten gezeigt werden, die die Künstler in einem vierwöchigen Arbeitsstipendium in der Lehrlingswerkstatt von Thyssen gemacht haben.

Zur Ausstellung erscheint ein Katalog. In der Ausstellung gibt es eine Podiumsdiskussion zu dem Thema. „Wie frei war die Kunst in der DDR?". 1997, 1999 und 2001 vergibt das Kolloquium einen Stahlkunstpreis. Die Preisträger ermittelt eine Jury, der Gottlieb Leinz/Wilhelm Lehmbruck Museum, Eberhard Röpke/Kunst- und Museumsverein Wuppertal, Uwe Rüth/Skulpturenmuseum Glaskasten Marl, Karl Ruhrberg/Köln, (ab 1999 Gaby Kraushaar/Galeristin, Düsseldorf) Friedrich Werthmann/Bildhauer Düsseldorf, Stephan von Wiese/Kunstmuseum Düsseldorf, angehören. Die Ausstellungen der Preisträger (jeweils begleitet von einer Publikation) finden im Lehmbruck Museum Duisburg statt.

1999 fördert das Kolloquium erstmals die „Kleine Form", Schmuck, Gerät und Kleinplastik, mit einem eigenen Preis. Es führt in Zusammenarbeit mit Dorothea Prühl einen Studentenwettbewerb mit Preisvergabe zum Thema „Kostbarkeiten aus Stahl..." an der Hochschule für Kunst und Design, Burg Giebichenstein, Halle a.d. Saale durch. Über die Preisträger entscheiden Gottlieb Leinz/Wilhelm Lehmbruck Museum Duisburg, Sabine Runde/Kunstgewerbemuseum Frankfurt. Zur Ausstellung in Düsseldorf erscheint ein Katalog.

Zunächst wird der Schmuckpreis alternierend mit dem Stahlkunstpreis vergeben, seit 2004 konzentriert sich das Kolloquium ganz auf die „kleine Form". Es sieht hier eine Aufgabe, da Schmuck und Gerät nur wenig Chancen haben, in der Öffentlichkeit als eine kreative, eigenständige Kunstgattung wahrgenommen zu werden. Die jungen Studierenden gerade in diesen Bereichen brauchen eine besondere Ermutigung und Förderung. Diese soll ihnen durch einen Wettbewerb mit Preisvergabe, anschließendem Ausstellungszyklus – zusammen mit eingeladenen etablierten Künstlern – in Museen zuteil werden, die einen Schwerpunkt im Schmuck und in der Metallgestaltung (bzw. Kunsthandwerk) haben. Ein Ausstellungskatalog ist eine weitere Förderungsmaßnahme.

2003 initiert das Kolloquium einen Studentenwettbewerb mit Preisvergabe an der Goldschmiedeschule mit Uhrmacherschule Pforzheim. Der Jury gehören an: Barbara Grotkamp-Schepers/Klingenmuseum Solingen, Ulrich Haas/Goldschmiedeschule Pforzheim, Cornelie Holzach/Schmuckmuseum Pforzheim, Christianne Weber-Stöber/Goldschmiedehaus Hanau. Die beteiligten Museen sind: Wasserschloss Klaffenbach, Chemnitz, Goldschmiedehaus Hanau, Schmuckmuseum Pforheim, Klingenmuseum Solingen.

2006 initiiert das Kolloquium einen Studentenwettbewerb zum Thema Stahl an der Fachhochschule Düsseldorf im Fachbereich Design mit Elisabeth Holder und Herbert Schulze. Im Frühjahr 2007 ermitteln in der Jury Barbara Grotkamp-Schepers/Klingenmuseum Solingen, Herman Hermsen/FH Düsseldorf, Hildegard Tolkmitt/Bildhauerin Düsseldorf, Christianne Weber-Stöber/Goldschmiedehaus Hanau, Günter Wermekes/Designer Köln die Preisträger. Statt des „üblichen" Ausstellungskataloges wird im Fachbereich Design/Kommunikationsdesign der FH von Viktor Malsy als weiteres Studentenprojekt ein eigenständiges „Begleitbuch" entwickelt (das eine Belobigung der Stiftung Buch erhalten hat), für das Eib Eibelshäuser mit seinen Studenten die Fotoarbeiten gemacht hat. Die Museen Wasserschloss Klaffenbach Chemnitz, Goldschmiedehaus Hanau, Klingenmuseum Solingen übernehmen im Jahre 2008 wieder die Ausstellungen. Aber abweichend von den vorangegangenen Ausstellungen lädt das Kolloquium außer deutschen Künstlern diesmal auch belgische und niederländische Künstler mit ein, um einen weiteren, interessanten Quervergleich zu ermöglichen.

2010 wird der Studentenwettbewerb an der HAWK Hochschule für angewandte Wissenschaft und Kunst in Hildesheim im Fachbereich Metallgestaltung mit Georg Dobler und Hartwig Gerbracht durchgeführt. Im Frühjahr 2011 entscheidet die Jury mit Werner Bünck/HAWK Hildesheim, Barbara Grotkamp-Schepers/Klingenmuseum Solingen, Christianne Weber-Stöber/Goldschmiedehaus Hanau und Jan Wege/Silberschmied, Hamburg, die vier Preisträger. Die Ausstellungen – ausgesuchte Studenten, eine große Anzahl von Absolventen und eingeladene etablierte Künstler – werden wieder in Solingen, Chemnitz und Hanau stattfinden. Auch in Hildesheim wird das „Begleitbuchprojekt" als ergänzendes Studentenprojekt von Dominika Hasse, Fakultät Gestaltung/„Corporate und Editorial Design" entwickelt. Barbara Maas wird darin in einem Beitrag die „Hildesheimer Schule" würdigen. Damit hat die HAWK Hochschule für angewandte Wissenschaft und Kunst in Hildesheim die Möglichkeit, in einer breiteren Öffentlichkeit auf sich und ihren in Deutschland einzigartigen Studiengang Metallgestaltung aufmerksam zu machen.

Die

Vorwort
**Hartwig Gerbracht, Verw.- Prof.
HAWK Hildesheim, Fakultät Gestaltung**

Vorab danken wir unserem emeritierten Professor Werner Bünck, der es verstanden hat, unsere Sinne zu schärfen. Viele Autoren in diesem Katalog profitieren davon.

Etappenziele

Zu Beginn des Studiums sind alle neugierig. Das macht die Gruppe so wertvoll. Das gilt es zu erhalten. Manche sind mit Ratschlägen und dem bewährten Rüstzeug schwer bepackt, andere geradezu unbeschwert. Der erste Tag, im Seminar „Grundlagen Plastisches Gestalten", beginnt z. B. mit der Frage: Warum bereichert Zucker die Tomatensoße? Es wird probiert, Erfahrungen werden ausgetauscht, der Geschmack der Tomate wird untersucht, benannt und begründet. Schon steckt die Gruppe mittendrin im kreativen Prozess: Irgendwie süß – wohl deshalb der Zucker – aber auch sauer – ein Spritzer Aceto Balsamico könnte helfen, die vielfältigen Geschmacksrichtungen hervorzuheben – nicht zu viel – vielleicht nur zitieren – das Ganze ist noch zu schwer – was ist zu tun – etwas Fruchtiges, Frisches fehlt noch – Zitronenschale, besser Limette – hinzu kommen die Mengenverhältnisse der Komposition, auch die müssen definiert werden. Mit Mut, Gefühl und mit Erfahrung gelingt es. Bei diesem Seminar geht es nicht um Gestaltungsrezepte, die einfach nur konsumiert werden.

angewa

Es sind die Kennzeichen der einzelnen Bestandteile, die es zu erkennen und zu nutzen gilt. Deshalb lehren wir, von Beginn an, grundsätzlich anerkannte Form- und Bedeutungszusammenhänge. Hinzu kommen Material- und Technikwissen und experimentelle Aufgaben. Die Kombination aus Fachwissen, Reflexion und Experiment bildet also die Grundlage des kreativen Handelns. Später, im weiteren Studienverlauf, wird im Spannungsfeld zwischen angewandter Kunst und Design dieses Wissen angewandt oder absichtlich missachtet.

Es ist eine Besonderheit der angewandten Kunst, dass die außergewöhnliche Sichtweise des Autors, unabhängig von der Zweckmäßigkeit, das Ergebnis dominieren kann. Das Resultat erreicht auch in diesem Fall nur dann eine bemerkenswerte Qualität, wenn abhängig von Motiv und Konzept, die handwerkliche Realisation überzeugt.

Unsere Studierenden lernen also, dass ihr Gestaltungsmotiv, die Form- und die Materialsprache, sowie die verwendeten Werkverfahren zusammen wirken. Im Hauptstudium wird diese Arbeitsweise angewandt, diskutiert und so lange optimiert, bis ein Ergebnis entwickelt wird, das überzeugt. Die Studierende wählen dazu in unseren Werkstätten klassische Werkverfahren und innovative Technologien. Auch die Wahl der Themen ist jetzt freigestellt, weil angehende Autoren ihre eigenen Themen und Motive entwickeln können müssen. In dieser Phase sind wir unterstützend tätig, mehr nicht. Denn erst das persönliche Ziel bewirkt Neugier, Leidenschaft und Eigenständigkeit. Drei Eigenschaften, die eine gute Basis für den weiteren Berufsweg bilden und, wenn sie mit einem hohen Qualitätsanspruch verknüpft werden, das Ergebnis begehrenswert machen.

Chronik
Studiengang Metallgestaltung
an der Fakultät Gestaltung HAWK Hildesheim, Holzminden, Göttingen

Vorläufer Institutionen in Hildesheim
1831 Realschule für Handwerker und Künste in Hildesheim, **1879** Tagesklasse für kunstgewerblichen Unterricht, **1914** Handwerker- und Kunstgewerbeschule Hildesheim, **1934** Handwerkerschule, **1938** Meisterschule für das deutsche Handwerk, **1943** Meisterschule für das gestaltende Handwerk

Entwicklung der Fakultät nach 1949
1956 Werkschule, **1963** Werkkunstschule, **1971** Fachhochschule mit den Fachbereichen Kommunikationsgestaltung und Produktgestaltung, **1998** Zusammenlegung der beiden Studiengänge zur Fakultät Gestaltung mit acht Studienrichtungen: Advertising Design, Corporate Identity/Corporate Design, Farbdesign, Grafikdesign, Innenarchitektur, Lighting Design, Metallgestaltung, Produktdesign, Abschluss: Diplom-Designer bzw. Diplom-Ingenieur, **2003** Die Hochschule heißt seit 2000 Fachhochschule Hildesheim/Holzminden/Göttingen und stellt seit 2003 den Namenszusatz HAWK Hochschule für angewandte Wissenschaft und Kunst voran, **2005** Einführung der Bachelor-Studienstruktur, **2007** Einführung der Master-Studienstruktur, Aktuell studieren an der Fakultät Gestaltung, in 9 Design-Fachrichtungen, interdisziplinär organisiert, 550 Studierende im 6-semestrigen Bachelorstudiengang und 70 Studierende im 4-semestrigen Masterstudiengang. Für das Jahr **2014** wird für die Fakultät Gestaltung ein Neubau geplant. Unsere Studierenden werden dann auf dem neuen Campus in direkter Nachbarschaft zur Fakultät Bauwesen eine noch bessere Infrastruktur nutzen können.

Entstehung des Studiengangs Metallgestaltung
Im Sommer **1954** wird diskutiert, die Bildungsstätte für Metallgestalter in Sillium unter der Leitung von Carl van Dornick zu einer Abteilung der Meisterschule zu entwickeln. **1957** wird als nebenberuflicher Lehrer mit vier Wochenstunden Gestaltungslehre der Gold- und Silberschmied Carl van Dornick eingestellt. Die Lehre von Carl van Dornick wird **1961** auf 24 Wochenstunden erhöht (Vorlehre und Freies Gestalten), **1962** wird er als Fachlehrer festangestellt. (Freies und plastisches Gestalten). **1966/67** Der Studiengang Metallgestaltung wird als Abteilung der Werkkunstschule erstmalig genannt, **1968** Genehmigung der Abteilung Metallgestaltung durch das Kultusministerium. Seminar- und Arbeitsräume in der Elzer Straße (4 Studierende), **1971** FH Hildesheim/Holzminden (9 Studierende). Der Studiengang entwickelt sich in drei Studienrichtungen mit gemeinsamem Grundstudium: Schmuck, Gerät/Gefäß (Silberschmiede und Goldschmiede), Metallgestaltung Bau/Raum (Schmiede – Metallbauer). Seit **1984** ca. 8 Studierende/Semester. **2005** Aus dem Studiengang Metallgestaltung wird durch die Einführung der Bachelor- und Master-Studienstruktur die Fachrichtung Metallgestaltung. Weiterhin bestehen die drei Spezialisierungen: Schmuck, Gerät/Gefäß und Metallgestaltung Bau/Raum.

Hauptberuflich Lehrende seit 1968
Prof. Carl van Dornick, **1968–1975;** Jan Prütz, Werkstattleiter, Schmiede, **1970–1996;** Arnd Heuer, Künstlerisch-Wiss. Mitarbeiter, **1972–1979;** Prof. Arnd Heuer, **1979–2000;** Wendelin Geitner, Werkstattleiter, Schmuck, **1980–2004;** Prof. Werner Bünck, **1981–2009**; Dipl.-Des. Hartwig Gerbracht, Werkstattleiter, Silberschmiede und Schmiede, **1996–2009;** Prof. Georg Dobler, **seit 2002;** Dipl.-Des. Ellen Ropeter, Werkstattleiterin Goldschmiede, **seit 2005;** Verw. Prof. Hartwig Gerbracht, **seit 2009**; Dipl.-Des. Cord Theinert Werkstattleiter, Silberschmiede und Schmiede, **seit 2009**

Metallgestaltung in Hildesheim heute
Barbara Maas

Metallgestaltung – an der HAWK Hochschule für angewandte Wissenschaft und Kuns in Hildesheim bezeichnet dieser programmatisch anmutende Begriff eines von mehreren sogenannten „Kompetenzfeldern" innerhalb der Fakultät Gestaltung. Unter Leitung von Professor Georg Dobler und Hartwig Gerbracht, der eine Verwaltungsprofessur in Nachfolge des legendären, seit einiger Zeit emeritierten Silberschmiedes Werner Bünck inne hat, differenziert sich der Hildesheimer Studiengang in die Werkbereiche Gerät und Gefäß, architekturbezogene Metallarbeiten sowie Schmuck und Objekt aus. Letzteres bildet in hochschulinterner Kooperation ein Cluster mit dem Kompetenzfeld Produktdesign, was sich primär in der gemeinsamen Nutzung und Erprobung moderner technischer Verfahren wie CAD und Rapid Prototyping niederschlägt. Zudem absolvieren die angehenden Gestalterinnen und Gestalter der beiden Kompetenzfelder die Grundlehre gemeinsam. Das Hochschulstudium gliedert sich in einen 6-semestrigen Bachelorstudiengang mit den Schwerpunkten Unikat und serielle Gestaltung. In beiden Fällen liegt der Akzent – nach einer fundierten Grundausbildung – auf der Förderung einer eigenen, authentischen Formsprache, welche sich bei den bisherigen AbsolventInnen allerdings noch vorwiegend im Unikat realisierte. Der 4-semestrige Masterstudiengang Gestaltung ist grenzüberschreitend zwischen Kunst, Design und Wirtschaft konzipiert und soll u.a. Kompetenz in Designmanagement, Kommunikation und Forschung vermitteln, womit stärker auf die Anforderungen der beruflichen Praxis und die Situation am Markt für Gestalter und Gestalterinnen eingegangen wird. Seine Wurzeln hat der Bereich Gestaltung an der HAWK Hochschule für angewandte Wissenschaft und Kunst in Hildesheim in der Tradition der Werkkunstschule. Somit liegt nach wie vor ein wichtiger Schwerpunkt auf der Handwerklichkeit und der Materialerforschung. Dass es primär um das Material Metall geht, wird allein schon durch die Namensgebung des Kompetenzfeldes deutlich. Entsprechend breit ist das Angebot der Hochschule an gut ausgestatteten Werkstätten, darunter eine eigene Schmiede. Das Rapid-Prototyping Labor des benachbarten Produktdesign steht den Studierenden der Metallgestaltung ebenfalls offen und ermöglicht ein technisches Experimentieren auch in anderen Materialien.

Im Unterschied zur Ära Bünck, in der das künstlerische, objekthafte Unikat eindeutig Vorrang hatte, vollzieht sich seit 2002 mit der Berufung des renommierten Schmuckkünstlers der Avantgarde, Georg Dobler – selber ebenfalls eher dem künstlerischen Unikat verpflichtet – zusehends ein Wandel hin zu einer stärkeren Praxiseinbindung des Studienganges. Der hervorragenden Vernetzung Georg Doblers ist es zu verdanken, dass die Hildesheimer Metallgestaltung durch regelmäßige Präsenz auf den einschlägigen Messen in Leipzig, München und Berlin und durch zunehmende Auszeichnungen einzelner Studierender und Ehemaliger wieder in den Blickpunkt der Öffentlichkeit gerät. Zu nennen sind hier in erster Linie die junge, mehrfach ausgezeichnete Silberschmiedin und Diplom-Designerin Maike Dahl mit ihren komplexen Falt-Schalen und -Bechern aus Metall sowie die bauchigen, traumschön emaillierten Kupferschalen der Koreanerin Young-I Kim oder die innovativen, spektakulären Objektschalen aus geschmiedeten Maschinenketten von Hiawatha Seiffert, welche u.a. mit dem BKV-Preis und dem Bayerischen Staatspreis geehrt wurden und den Bogen vom Gebrauchsgegenstand zum künstlerischen Objekt schlagen. Im Bereich Schmuck macht Isabell Schaupp mit Drahtgeflecht-Arbeiten, für die sie den Grassi-Preis erhielt, von sich reden.

Die innovative Gestaltungskraft des freien Arbeitens, handwerkliche Formdisziplin und klassische Werktechniken der Metallbearbeitung nehmen einen hervorragenden Stellenwert in der Hildesheimer Ausbildung zum Gestalter ein, ergänzt durch Ausflüge in moderne technische Verfahren oder Experimente in den zahlreichen Fakultätswerkstätten. Inwieweit dies zukunftsträchtig ist, wird sich erweisen. Nach den sehr breit angelegten, teils schon beliebig wirkenden Materialexperimenten der Hochzeit der Avantgarde in den 70er und 80er Jahren des 20. Jahrhunderts und der streckenweise absichtsvollen Vernachlässigung traditioneller Handwerklichkeit, vor allem im Bereich Schmuck, scheint sich neuerdings wieder so etwas wie die Wertschätzung des „made by hand" in der Angewandten Kunst anzubahnen. Parallel dazu manifestieren sich in bestimmten Segmenten des Design Tendenzen, die mit „handwerklich orientiertem Design" zutreffend beschrieben werden könnten und die handwerkliche Strategien im Design thematisieren – man denke an die Niederländer Gijs Bakker oder Marcel Wanders. Vor diesem Hintergrund könnte sich das Hildesheimer Konzept als durchaus tragfähig erweisen, neben das künstlerische Unikat ein „designorientiertes Handwerk" zu setzen.

sie leb

Jury

Jutta Vondran
Projektleiterin des Kolloquium NRW

Werner Bünck
Prof. erem. HAWK Hildesheim

Dr. Barbara Grotkamp-Schepers
Deutsches Klingenmuseum Solingen

Dr. Christianne Weber-Stöber
Goldschmiedehaus Hanau

Jan Wege
Silberschmied, Hamburg

… ot von d …

Preisträger
Jan Benedikt Mathee

Jan Benedikt Mathee setzte sich in seiner Arbeit mit dem Thema Tageslicht und Kerzenlicht im sakralen Raum auseinander. Es entstand eine skulpturale, architekturbezogene Arbeit von großer Intensität und Klarheit.

Preisträger
Bernhard Simon

Das Messer an sich: Klinge und Griff aus einem Materialstück, ein doppelter Dreh für den Griff, das Messer ist fertig. Man sieht es ihm an, wie es „fertig gemacht" wurde, und es vermittelt auch den durchaus passenden Eindruck des Raschen und Rohen, des spontanen Formens. Nimmt man dann das Messer in die Hand, umschließen die Finger den Griff überraschend harmonisch. Die Hand sitzt gut am Griff, der Winkel der Drehung zwischen Messerschneide und Handhabe stimmt. Das Material ist Damaszenerstahl; der vordere Teil wurde zu einer breiten, vorne rechtwinklig endenden Klinge ausgeschmiedet, geglättet, poliert und geätzt, so dass die mehrlagige Struktur des Stahles als kräftiges wildes Muster zum Vorschein tritt. Die Klingenwurzel und der tordierte Griff dagegen behielten ihre körnige, unbehandelte Schmiedehaut. Das Messer überzeugt als frisches Werk eines jungen Schmuckgestalters, der mit scheinbar leichter Hand einem widerständigen Material eine optisch und haptisch gelungene Form gibt.

Preisträger Thomas Stöckl

Thomas Stöckl versteht seine Ringe als „Design mit Botschaft". Botschaften haben verschiedene Ebenen, und diese gilt es zu ergründen. Um die aus drei Ringen bestehende Gruppe zu verstehen, sollte man die technischen Geheimnisse kennen: Als ausgebildeter EDV Fachmann bedient sich der Künstler nach einem von Hand gezeichneten ersten Entwurf eines digitalen Hilfsmittels, anschließend erfolgen das Fräsen in Wachs über ein CNC-Programm (Rhino), das Wachsausbrennverfahren, das Gießen in Stahl und schließlich das Schleifen von Hand. Um die formale Gestaltung zu finden, nähert sich Thomas Stöckl in einem aufwendigen Prozess den verschiedenen Möglichkeiten und trifft dann zielgenau die richtige Auswahl. Er spielt mit gegensätzlichen Kriterien wie „Innen – Außen", „Direkt – Versteckt", „Serie – Unikat", „Handarbeit – CAD" oder „Individuum – Gruppe". Seine drei Ringe hat er solange in sich und zueinander verändert, bis die von ihm geforderte Vorgabe, eine zusammengehörende Gruppe von drei Schmuck-Objekten, erfüllt war. Zum Schluss ist die Frage nach der Zusammengehörigkeit der drei Ringe erlaubt: Bekannte? Freunde? Familie? Die Jury fand Gefallen an der minimalen Veränderung die einen jeden Ring als Unikat oder Serienprodukt auszeichnet, ebenso überrascht die betont technoide und zugleich amorphe Formensprache und nicht zuletzt die gefällige Tragbarkeit eines relativ großen Fingerschmucks.

Preisträgerin Thanh-Truc Nguyen

Eine erfrischend intellektuelle Komposition, die eine charismatische Macherin vermuten lässt, der es gelingt, den Betrachter in eine unbekannte Welt zu entführen. Die filigrane Transparenz der Gitterstruktur, der teilweise und unregelmäßig mit dem aufgebrachten Lack der Durchblick verwehrt wird, lässt die Brosche so leicht, ungewöhnlich und räumlich erscheinen.

Jan Benedikt Mathee

geb. 29.03.1984, Coesfeld; 06/2001 Fachoberschulreife; 06/2008 Fachhochschulreife; 08/2001–01/2005 **Ausbildung zum Metallbauer** (Konstruktionstechnik), Stahl-Metallbau Betrieb Ludger Trütken, Münster; 01/2005–12/2006 Stahl-Metallbau Ludger Trütken, Münster; 01/2006–07/2007 Michael Stratmann Werkstatt für Metallgestaltung, Essen; **seit 09/2008 Studium, Lichtdesign/Metallgestaltung an der HAWK Hildesheim**

Formfindung

Das Konzept spielt mit der Wechselwirkung von Tageslicht und vom Menschen geschaffenen Kerzenlicht. Die Form ist angelehnt **an die Geste, ein Licht mit der einen Hand zu tragen** und mit der anderen zu schützen, damit es nicht durch äußere Einflüsse erlischt. Der leicht gewölbte Reflektor nimmt Bezug zum runden Teelicht und gleichzeitig zu einer **schützenden Hand.** Der massive Durchmesser des Materials ist weniger ein Werkzeug, das eine Kerze trägt, sondern ein **Objekt, das eine Person verkörpert.** Die unterschiedlichen Höhen des Lichtobjektes symbolisieren die **Individualität des Einzelnen.**

Material

Das **Lichtobjekt** besteht aus Stahl, der mit der Flamme geschwärzt und anschließend mit einer klaren Rostschutzfarbe bearbeitet wurde. Der Reflektor des Lichtobjektes lässt das Licht auf eine fast **geheimnisvolle Weise** erscheinen. Der Betrachter nimmt deshalb eher ein Schimmern wahr, das in der Tiefe des Materials entsteht. Der Benutzer stellt ein Licht auf, um eine Bitte auszudrücken, die **aus der Tiefe der menschlichen Seele** stammt und oft sehr private Anliegen ausdrückt. Auf diesem Wege gibt es einen direkten Bezug zwischen im **Inneren des Materials** reflektierenden Licht und der im **Inneren des Menschen** stammenden Bitte.

Fürbitteleuchter, Konzeptstudie zum Thema:
Tageslicht und Kerzenlicht im sakralen Raum

Thanh-Truc Nguyen

geb. **1. Januar 1983** in Oldenburg; 2002 **Abitur,** 2004 Beginn des Studiums an der **HAWK Hildesheim** bei Prof. Georg Dobler und Prof. Werner Bünck; 2007 Gastsemester an der **Goldschmiedeschule in Pforzheim;** 2008 Workshop mit Peter Bauhuis; 2009 **Diplom;** 2009 Praktikum bei Sabrina Dehoff in Berlin; seit 2010 **freischaffend** in Berlin tätig

Bei der **Betrachtung meiner Umwelt** und der alltäglichen Dinge die mich umgeben, kann vieles inspirieren. Aus **gesammelten Eindrücken** entsteht eine Vorliebe und eine Faszination für bestimmte Formen und Eigenschaften. Diese zu **ergründen** und in eine schmuckhafte Form zu bringen, darin liegt meine Motivation. Es geht mir darum, in meinen Arbeiten jene **erlebte Faszination** zum Ausdruck zu bringen.

Feinmaschiges Stahlgewebe ist besonders leicht, transluzent und dabei sehr stabil. Diese Eigenschaften nutzte ich, um **voluminöse und leichte Körper** zu schaffen, die eine scheinbar zarte und dennoch feste Oberfläche besitzen. Durch die dreidimensionale Verformung und Überlagerung des Gewebes entstehen leichte Materialverdichtungen und **feine Farbverläufe,** die eine besondere ästhetische Wirkung auf mich haben. Dünne Zargen aus Silber dienen als Unterbau für die Funktion einer **Brosche** und bieten zusätzliche Stabilität.

Brosche, Edelstahlgewebe lackiert, 925 Silber geschwärzt, L x B 60 x 80 mm und 70 x 90 mm

Bernhard Simon

geb. **1983** in Gifhorn; 2004–2006 **Kunstwissenschaft** HBK Braunschweig & Geschichte an der TU Braunschweig; 2006–2010 **Metallgestaltung an der HAWK Hildesheim,** „Bachelor of Arts" bei Prof. Georg Dobler; seit 2010 freischaffend tätig als Schmuckgestalter

Das **Messer** wurde aus **einem Stück** gefertigt. Die Klinge geht nahtlos in den Griff über. Mein Anliegen war es, aus einem Streifen **Damaszenerstahl** ein Messer zu machen, ohne dabei etwas abzuschneiden oder den Charakter der Grundform zu verlieren. So wurde beim Griff die Form nur verdreht und dann ein weiteres Mal in die Gegenrichtung gedreht. Es entsteht eine **spannende Griffform,** die auch angenehm in der Hand liegt. Die Klinge wurde nur leicht gebogen, damit sie nicht zu sehr im Kontrast zum Griff steht.

Messer, Damaszenerstahl, L x B 270 x 50 mm

Thomas Stöckl

geb. **20. August 1979** in Weiden/Opf; 1986–1999 Schulzeit in Bayreuth; 2002–2006 **Ausbildung zum Fachlehrer;** ISB Bayreuth, 2006–2008 Dozent für EDV, bzf Bayreuth; seit 2009 Student BA Design, **HAWK Hildesheim**

Verrückt, emotional, fehlerfreundlich, Regeln missachtend und zugleich exakt, abschätzend und Rational. **Mögliche Kombinationen für Kreativität.** Über meine Arbeit nähere ich mich prozesshaft den unendlichen Möglichkeiten und treffe eine Auswahl.

Aktuelle Spannungsfelder: Innen – Aussen; Direkt – Versteckt; Kritisch – Angepasst; Authentisch – Künstlich; Serie – Unikat; Handarbeit – CAD; Individuum – Gruppe; Wahn – Ruhe; **Kunst – Design**

Ringe, Entwurf digitalisiert und in Wachs CNC-gefräst, Stahlguss im Wachsausbrennverfahren, Stahlguss, 2011
10 x 32 x 42 mm

Eiger

Studierende
der HAWK Hildesheim

30 Jens Backhus **32** Lara De Silva **34** Rahel Fiebelkorn **36** Lennart Lohmann **38** Hiawatha Seiffert **40** Alexander Seitz **42** Stefan Strube **44** Jens Wilhelm

ständig

Jens Backhus

geb. **20. August 1982** in Oldenburg; 2001 Fachhochschulreife, Fachoberschule für Gestaltung; 2002 Praktikum bei **Designers House** Oldenburg und Zivildienst; 2003 Berufsausbildung zum **Tischler,** Hergen Garrelts; 2005 **Gesellenprüfung;** 2006 Arbeit als Geselle in diversen Tischlereien; 2007 Beginn des **Studiums** an der **HAWK Hildesheim,** Metallgestaltung

Die Verfügbarkeit und Formenvielfalt von industriell gefertigten **Halbzeugen** bietet zahlreiche Gestaltungsmöglichkeiten. In diesem Fall habe ich mir das **U-Profil aus Stahl** zunutze gemacht. Für mich ist es spannend, **industrielle Bauteile** aus ihrem ursprünglichen **Kontext** zu nehmen und ihnen eine neue Funktion zu geben. Das U-Profil besitzt durch seine herstellungsbedingte Form eine Innenseite, die sich hervorragend für die Aufnahme von Kerzen eignet.

Zu einem Rahmen verschweißt kann der Leuchter durch das umlaufende Stahlprofil von allen Seiten genutzt werden und dient zur Aufnahme von einer oder mehreren **Kerzen.** Als Lichtobjekte für den Tisch sind die Leuchter mit Tropfschalen aus verzinnten Messing ausgestattet und bieten so eine sichere, einwandfreie **Funktion.** Die Oberfläche wird im Ofen mit einer Zunderschicht versehen und anschließend gebürstet und gewachst.

3-tlg. Tischleuchter, Stahl-U-Profil, Tropfschalen feuerverzinnt

Lara
De Silva

geb. **27. Juni 1988** in Bad Salzdetfurth; 2007 **Abitur;** 2007–2008 **Praktika** in den Bereichen Grafikdesign und Goldschmieden; seit 2008 **Studium** an der **HAWK Hildesheim,** Fakultät Gestaltung

Die Schalen **„Myotis"** erhalten ihre Form durch partielle Schwächungen des Materials mittels verschieden tiefer Schnitte. So kratzen einige dieser Schnitte nur an der Oberfläche, andere **durchdringen** das Material vollständig. Die Außenkontur wird stellenweise aufgebrochen und das entstehende Muster der Linien verleiht der Fläche eine Struktur.

Durch die **Verformung** reißen die geschwächten Stellen stückweise auf, einzelne Abschnitte schieben sich übereinander und es entstehen raumgreifende Partien, die sich überlagern oder frei im Raum stehen und so eine neue Form bilden. An den Schwachstellen entstehen beim Schmieden **Knicke,** die sich an dünneren Stellen auch auf der Rückseite abzeichnen. Außen- und Innenseite bilden durch ihre unterschiedliche Oberfläche einen Kontrast.

Der Übergang von dicken zu dünnen Materialstärken ist ein weiterer Aspekt in der Formgebung, er ermöglicht die Gewichtsverlagerung der Schale und verstärkt die raumgreifende Wirkung.

Schalen, geschlitzt und geformt, Oberfläche geschwärzt,
B x H 160 x 120 mm

Rahel
Fiebelkorn

geb. **25. Mai 1983** in Gifhorn; 2002 **Fachabitur** am Heinrich-Nordhoff-Gymnasium in Wolfsburg; 2002–2006 **Ausbildung Goldschmiede** Stöckheim Manufaktur in Braunschweig, Abschluss: **Gesellenbrief;** 2006–2007 Goldschmiede P. Oellerich in Bremerhaven; 2008–heute **Studium Metallgestaltung an der HAWK Hildesheim,** Sommer 2011 Abschluss „Bachelor of Arts"

Edelstahlreif „Körperform"
Der Reif aus 2 mm starkem Edelstahl ist umwickelt mit einem dünnen Edelstahldraht. Er ist ein **Halsschmuck,** der sich am Körper um eine weibliche Brust legt. Zwischen Hals und Brust heben sich die beiden Seiten vom Körper ab und **verändern** so, **bei Bewegung** der Trägerin, **die Silhouette des Körpers.**

Halsschmuck, Edelstahldraht, 2,5 mm,
mit Edelstahldraht 0,8 mm umwickelt, 450 mm lang

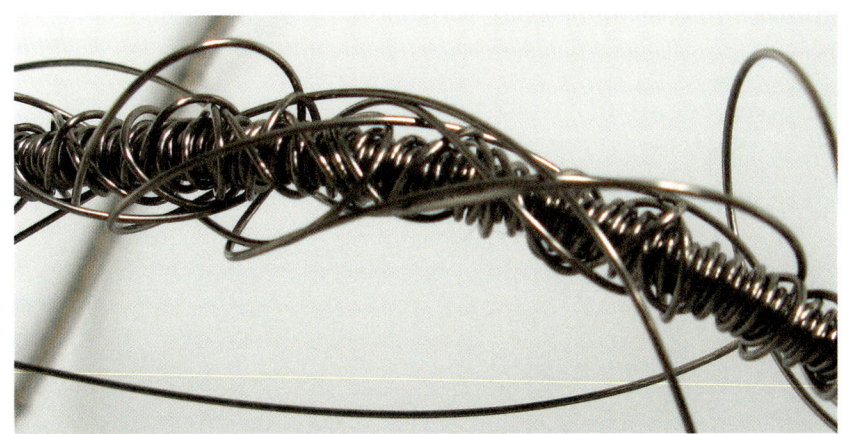

Lennart Lohmann

geb. **20. Februar 1980** in Hannover, derzeit lebend in Hannover/Hildesheim; 1997–2000 **Ausbildung zum Tischlergesellen;** 2003–2004 Fachoberschule Gestaltung; seit 2008 **Studium an der HAWK Hildesheim,** Schwerpunkt: Metallgestaltung

Sitzobjekt Zweizudrei
Der Gedanke zu diesem Objekt ist, eine individuelle und **selbstbewusste Sitzgelegenheit** zu schaffen. Sie besticht durch ihre reduzierte, klare Form. Die wenigen, elementaren **Bearbeitungsmittel und die Werkspuren sind Teil der bewussten Darstellung** von Eigenschaften beider Materialien.

Sitzobjekt, 3 Eichenquader gesägt mit geschmiedeten Stahlverbindungen, 1600 x 1400 x 1200 mm

Hiawatha Seiffert

geb. **07. Dezember 1973** in Marburg an der Lahn; 1990–1994 Ausbildung zum **Industriemechaniker** Maschinen- und Systemtechnik, Wuppertal; 2003 Meisterbrief im Metallbau, Handwerkskammer Lüneburg-Stade; 2004 Gestalter im Handwerk, Handwerkskammer Hannover; 2006–2010 **Studium und Abschluss Metallgestaltung/Design (B.A.)** bei Prof. Werner Bünck und Prof. Georg Dobler an der **HAWK Hildesheim;** 2008–2009 Auslandsstipendium **Universität** für angewandte Kunst in **Wien** Fachbereich Bildende Kunst; seit 2010 **Stipendiat der Hans Böckler Stiftung;** seit 2010–2011 **Studium Kunstgeschichte & Archäologie/Philosophie** Johannes-Gutenberg Universität Mainz sowie **Freie Kunst Keramik & Glas** (M.F.A.) Fachhochschule Koblenz; seit 2011 **Master-Studium an der HAWK Hildesheim**

Das **Spiel** und die **Ausreizung** der Materialeigenschaften sind mir in diesen Arbeiten besonders wichtig. Durch **gezielte Krafteinwirkung** erhalten meine Objekte eine in den Raum **greifende Dynamik.** Die **raue Ornamentik,** Struktur und Oberfläche verleihen den Objekten eine **rohe, aber ehrliche Form** und somit eine **Ästhetik auf den zweiten Blick.**

Objektschalen, Motorradketten/Fundstücke geschweißt, geschmiedet, gewachst, Durchmesser: ca. 45 cm

Alexander
Seitz

geb. **14. August 1980** in Kolchosobad/Tadschikistan; 1999–2003 Abgeschlossene Ausbildung zum **Industriemechaniker** in Unterlüss; 2003–2004 Fachoberschule Gestaltung in Celle; 2005–2006 **Freiwilliges Soziales Jahr** in der Kultur Hannover; 2006–2010 Studium an der **HAWK Hildesheim,** Metallgestaltung

Grenzgänger
Die treibende Frage „Wann ist der **Punkt erreicht** und wann ist die **Grenze überschritten?**" führte mich zu der Formgebung dieser Schalen. Die **Schmiedeenergie** wird im Randverlauf sichtbar und ist von der Lebendigkeit des Feuers gezeichnet. Die schwarze bis dunkelblaue Färbung der Oberseite gibt der Schale ihre charakteristische Tiefe. Die Unterseite hat hingegen Werkspuren und bewahrt eine **authentische Schmiedeoptik.**

4 mm Stahlblech geschmiedet, Oberfläche gesandstrahlt, dunkelblau angelassen und gewachst,
L x B ca. 45 x 22 cm

Stefan Strube

2001–2005 **Ausbildung zum Goldschmied** bei Thomas Schleede, Hamburg; 2005–2006 **Gesellentätigkeit** in der Goldschmiede Schleede, Hamburg; 2006–2009 **Studium** der Fachrichtung **Metallgestaltung** an der **HAWK Hildesheim** (bei Prof. Georg Dobler und Werner Bünck); 2008–2010 **freier Mitarbeiter** in der **Werkstatt für Edelmetallgestaltung Michael Haas,** Hildesheim; 2009 Abschluss an der **HAWK Hildesheim** „Bachelor of Arts", Abschlussarbeit mit dem Titel „Trinkgefäße", seitdem **freischaffend** tätig als Designer

Edelstahl und **Silber** sind die Materialien, die bei dieser **Kanne** verwendet wurden.

Das Objekt besteht aus **drei Zylindern.** Im oberen Drittel wird die Grundform durch ein abgewinkeltes Segment optisch „gebrochen".

Die angefügte **Schnaupe aus Silber** verbindet die Linienführung des Grundkörpers mit der optischen Akzentuierung im oberen Drittel der Kanne. Dies wird zudem durch die Verwendung von Silber unterstrichen.

Das Material Edelstahl unterstreicht die **minimalistische Formsprache** der Kanne.

Wein- und Wasserkanne, Edelstahl und Silber, H x B 350 x 80 mm

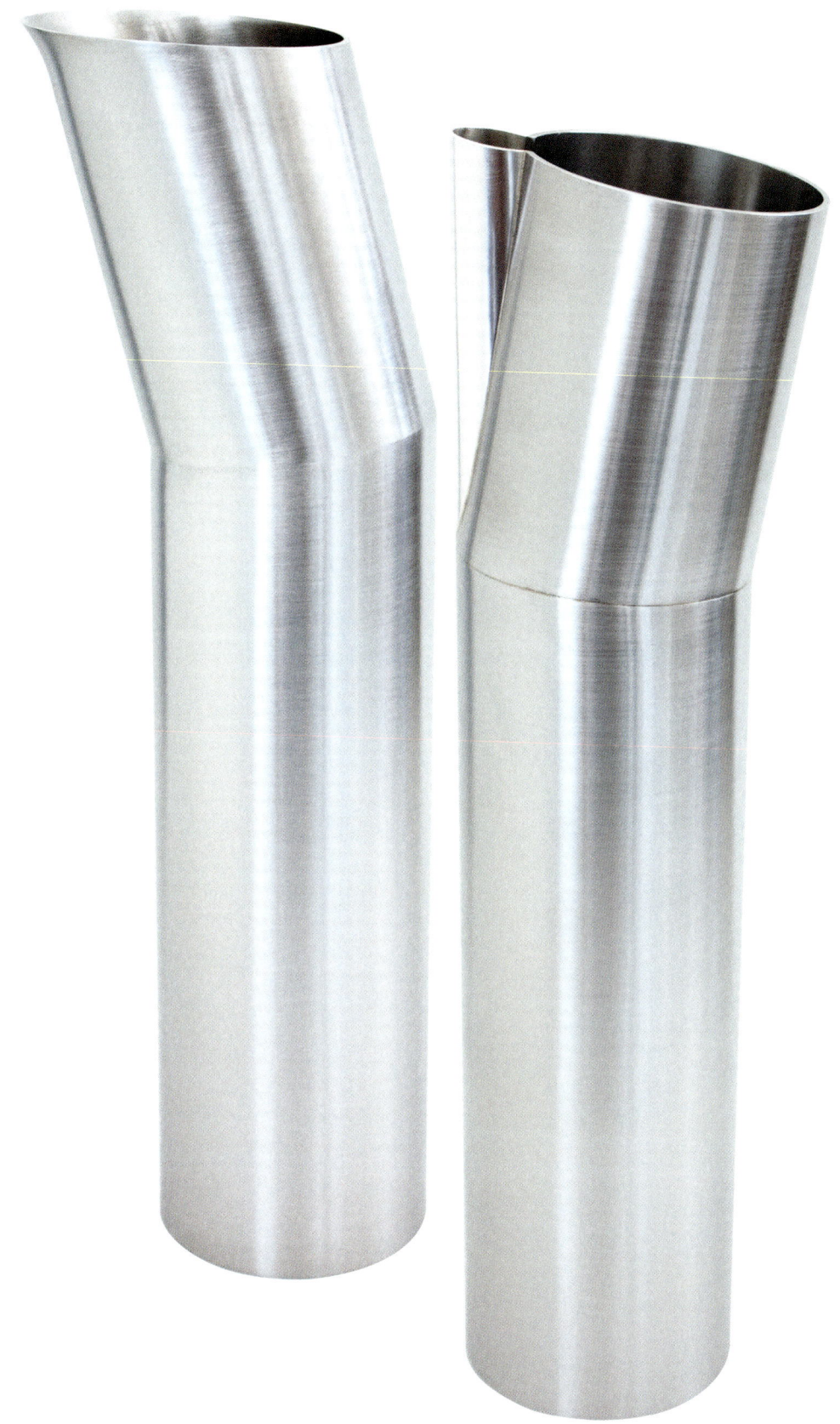

Jens Wilhelm

geb. **14. Dezember 1985** in Suhl, Thüringen; 2002–2005 Berufsbildungszentrum Schmalkalden, Allgemeine Hochschulreife; 2005–2006 BBZ Schmalkalden, **Ausbildung zum Gestaltungstechnischen Assistenten;** 02/2007–09/2007 Zivildienst Diakoniestation Steinbach-Hallenberg; seit 09/2007 Studium an der **HAWK Hildesheim,** Produktdesign und Metallgestaltung; 07/2011 Abschluss: „Bachelor of Arts"

Weihwasserbecken
Ursprung der Gestaltung war für mich der Ritus beim Betreten eines Kirchenraumes und die Grenze zwischen Profanem und Sakralem. Ebenso der Aspekt, dass es eine Handlung gibt, die viele Menschen mit dem Betreten des Kirchenraums verbinden: **Das „Sich-Benetzen" am Weihwasserbecken.**

Im klassischen Sinne sind Weihwasserbecken mit der Architektur verbunden und stellen aufwendige Steinmetzarbeiten dar. Für meine Gestaltung war ein bestimmtes Gefühl beim Ausführen des „Benetzens" wegweisend. **Greife ich in ein tiefes Becken oder in eine sich-sanft-präsentierende Wasserfläche?** In welcher Hinsicht kann ich das Wasserbehältnis darauf ausrichten, dass es mir diese Empfindung gewährleistet? Realisiert habe ich meine Arbeit aus 10mm Stahlblech. Neun individuelle Flächen aus Laserzuschnitten bilden eine ca. 110 cm hohe Stele. **In naher Zukunft soll eine seperate Fläche entstehen, in der das Wasser „gefasst" ist.** Diese kann man herausnehmen, um die Hygiene zu gewährleisten. **Gleichzeitig schützt es das Objekt vor direktem Kontakt mit Wasser.**

Weihwasserbecken, 10 mm Stahl montiert, Oberfläche brüniert.
H x B 1100 x 410 mm

gkeit un

Alumni
der HAWK Hildesheim

48 Aliki Apoussidou **50** Saskia Detering **52** Jochen Garms **54** Michael Haas **56** Eva Harenberg Ullrich **58** Jan Hebach **60** Robert Hoffmann **62** Gunther Löbach **64** Melanie Nützel **66** Julia Reymann **68** Isabell Schaupp **70** Petra Schmalz **72** Somchart Suphanaphasote **74** Ralf Tegtmeier **76** Lilli Veers **78** Silke Wrede

Aliki Apoussidou

geb. **1972** in Aachen; 1992 **Abitur** am Hugo-Junkers-Gymnasium, Mönchengladbach; 08/1992–01/1996 Ausbildung zur Zahntechnikerin (Gesellenbrief), Heinz-Werner Tilmes GmbH, Grevenbroich; 1996–1999 Tätigkeit als Zahntechnikerin (Labore in Gelsenkirchen, Essen und Bottrop); 01/2000–05/2000 **Goldschmiedepraktikum** bei Juwelier Trifterer, Oberhausen; 03/2000–07/2008 **Studentin der FH Trier**, Standort Idar-Oberstein, Fachbereich Edelstein- und Schmuckdesign; 06/2001 Zwischenprüfung zur **Goldschmiedin;** 02/2002 **Vordiplom als Edelstein- und Schmuckdesignerin;** 03/2006–07/2006 und 03/2005–07/2005 **Gaststudentin der HAWK Hildesheim,** Metallgestaltung (Grob- und Silberschmiede); 07/2008 Diplomarbeit „Druck formt – heißes Eisen", FH Trier/Idar-Oberstein, in Kooperation mit der **HAWK Hildesheim;** seit 07/2008 **selbstständig** als Schmuckdesignerin

Druck formt – heißes Eisen
Ich forme meinen Schmuck mit drei verschiedenen physikalisch-chemischen Kräften: **kinetischer Energie** in Form von hohem Druck, **thermischer Energie,** sowie den **kohäsiven Kräften** des Materials Metall, die diesem zu eigen sind. Dieser Prozess transformiert einen statischen geometrischen Grundkörper in eine biomorphe Form voller Energie. Geometrische und biomorphe **Formen durchdringen sich** gegenseitig und bilden eine Einheit. **Gegensätze verbinden sich** miteinander: hart und weich, kantig und rund, statisch und dynamisch. Die rein geometrischen sind von den biomorphen Formen durch die Krafteinwirkung und den zeitlichen Faktor getrennt, **bleiben aber in einem Stück vereint.** Diese Formen sind schon immer da, in der Gestalt von mathematisch-physikalischen Gesetzen, als Teil des Materials selbst. Sie sind im eigentlichen Sinne schön, sie werden ihre Gültigkeit nicht verlieren; **sie sind gefühlte Mathematik und Physik.**
Bei den eingereichten Stücken handelt es sich um drei Fingerringe aus heißgeschmiedetem Edelstahl: Ring „Kreisquadrat", „Siegelring eckig", „Siegelring rund".

Ringe, Edelstahl warm verformt, teilweise feingeschliffen und Oberfläche oxidiert

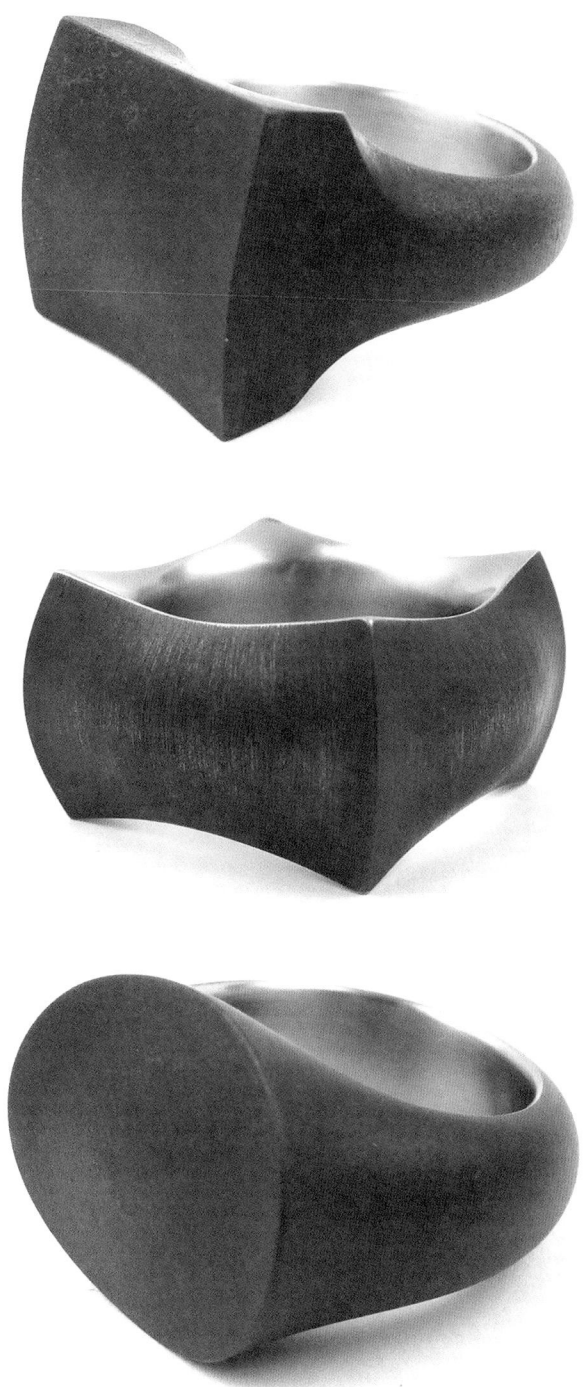

Saskia Detering

geb. **1978** in Göttingen; 2001–2005 Studium **Metallgestaltung an der HAWK Hildesheim;** 2005 **Diplom,** „Skulpturale Schalen" bei Prof. Werner Bünck und bei Prof. Georg Dobler; seit 2005 **selbstständig tätig mit eigener Werkstatt in Hildesheim**

Vase „Landschaft mit Blitzen", 2010, Keramik, Stahlstaub. Eisenguss ist in mehrfacher Hinsicht aufwendig. Statt die Vase in Wachs zu modellieren und als verlorene Form gießen zu lassen, habe ich **auf Ton zurückgegriffen,** der ähnlich wie Wachs formbar ist. Der Stahl ist hier technisch gesehen zwar nur Oberfläche, aber nicht zufällig; er gehört zum Ausdruck.

Vase „Landschaft mit Blitzen", 2010
Keramik, Stahlstaub
H x B 550 x 250 mm

Jochen Garms

geb. **1969** in Oldenburg; 1975–1986 Schulzeit in Bad Zwischenahn; 1986–1990, Ausbildung zum Radio- und Fernsehtechniker in Bad Zwischenahn; 1990–1993 als Geselle und Tontechniker tätig; 1993–1997 Ausbildung zum **Metallgestalter bei Schmiedemeisterin Edda Sandstede in Oldenburg;** 1997–1998 **Atelieraufbau in Oldenburg;** 1998–1999 Besuch der Fachoberschule Gestaltung in Oldenburg; 1999–2004 **Studium an der HAWK Hildesheim,** Fachbereich Metallgestaltung, bei Prof. Werner Bünck und Prof. Otto Almstadt Abschluss Dipl. Designer (FH); seit 2004, **selbstständig tätig mit Atelier in Oldenburg**

Feuerstelle
Der Mensch ist in seiner Evolutionsgeschichte irgendwann an den Punkt gekommen, das **Feuer** nicht mehr zu meiden, sondern sich diesem Element zu stellen. Er entdeckte die **überlebenserleichternden Vorteile dieses geheimnisvollen Mediums** für sich zu nutzen. Der Umgang mit dem Feuer ist tief in uns verankert. Dazu ist es von jeher nötig, dem **Feuer Räume und Plätze zu schaffen,** an denen es behütet brennen kann. Die Stövchen werden dabei zu kleinen Feuerstellen, die einen dauerhaften Platz im Raum finden sollen. Die Bedeutsamkeit von Feuer für uns Menschen soll symbolisiert werden. **Filigrane Kanten rahmen massiven Stahl,** bei dem durch gezielte Krafteinwirkung ein fließender Formverlauf entstand.

Stövchen, Stahl geschmiedet, verzundert und gewachst, Auflage gelötet und vernickelt, Maße: Block 130 x 50 x 80 mm Gestell 215 x 55 mm Gesamthöhe 100 mm

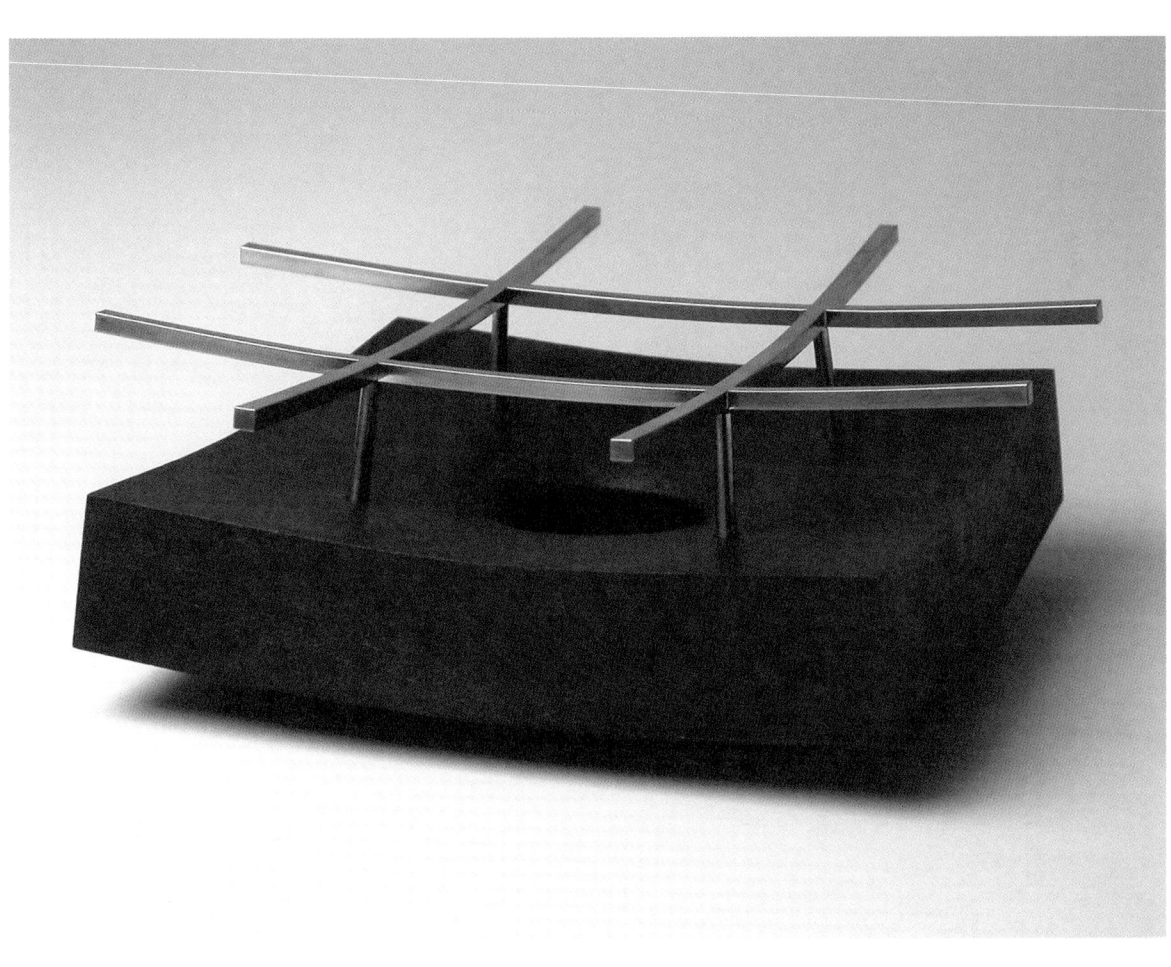

Michael Haas

geb. 1975 in Hamburg; 1995 Abitur; 1995–1996 Zivildienst im Rettungsdienst; 1996–2000 **Ausbildung zum Silberschmied** in Göttingen; 2000–2002 Wanderjahre als Geselle in verschiedenen Werkstätten (Herbert Fischer, Göttingen; Stefan Epp, Reichenau; Richard Schulze, Bremen; Christoph Diemer, Lilienthal); **2002 Meisterprüfung** (Gold- und Silberschmied) in Würzburg; 2002–2007 Studium **Metallgestaltung an der HAWK Hildesheim** mit einem Hans-Böckler-Stipendium; 2007 Diplom (Metallgestaltung) an der **HAWK Hildesheim;** 2005 bis heute selbsständige Tätigkeit als Silberschmied in eigener Werkstatt in Hildesheim; 2009 Lehrtätigkeit „Metallgefäße und Kreativtechniken" Sommersemster 2009; 2008–2011 **Lehrtätigkeit und Werkstattleitung im Kunststoff-Modellbau an der HAWK Hildesheim**

Volumenbildung aus einer quadratischen Fläche durch Schneiden und Biegen. **Die Fläche spannt sich buchstäblich zu Raum und Schale.**

Graue Schale, Edelstahl, Silber montiert, 30 x 30 cm

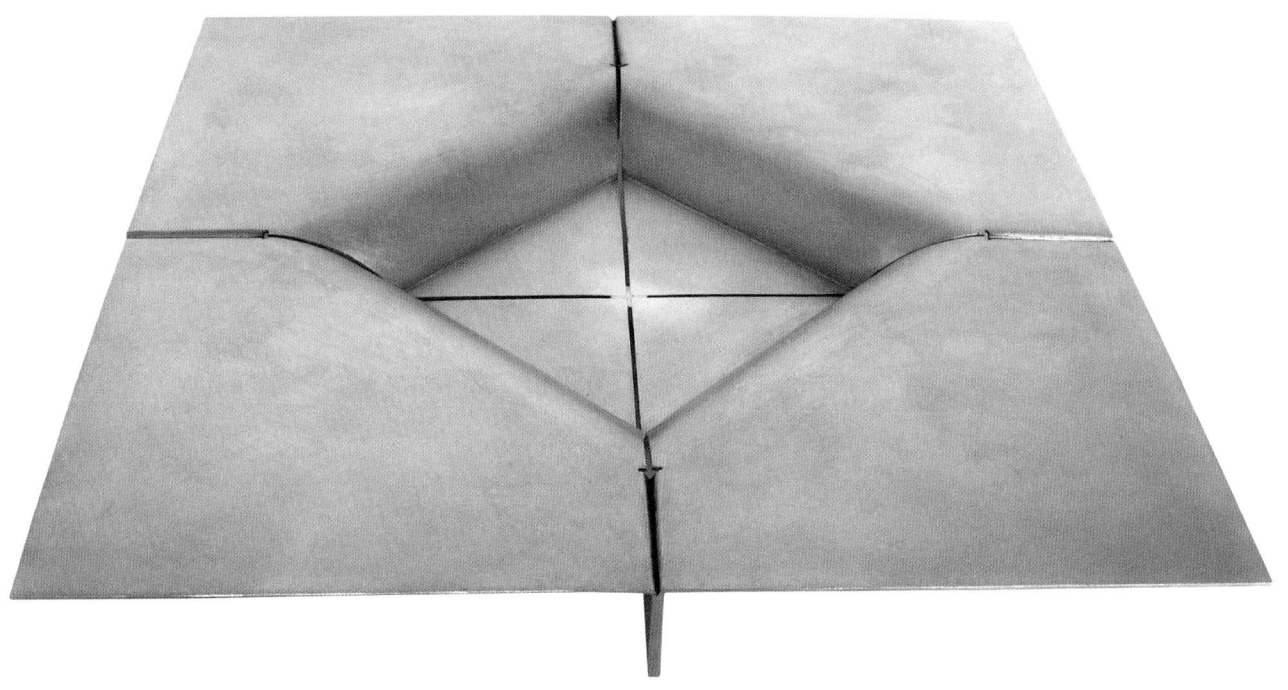

Eva Harenberg Ullrich

geb. **1979** in Hamburg, lebt und arbeitet in Dinklar; 2000–2005 **Studium der Metallgestaltung an der HAWK Hildesheim;** 2005–2006 Gaststudium experimentelle Grafik an der **HAWK Hildesheim;** seit 2006 **Aufbau der eigenen Werkstatt,** freischaffende künstlerische Tätigkeit im Bereich der Metallgestaltung und experimenteller Grafik

Tischleuchter 3-tlg., Stahlhalbzeuge montiert, Oberfläche: geschliffen und verzundert, Maße: 14 x 43,5 x 10 cm und Silber-Tropfschalen (925er)

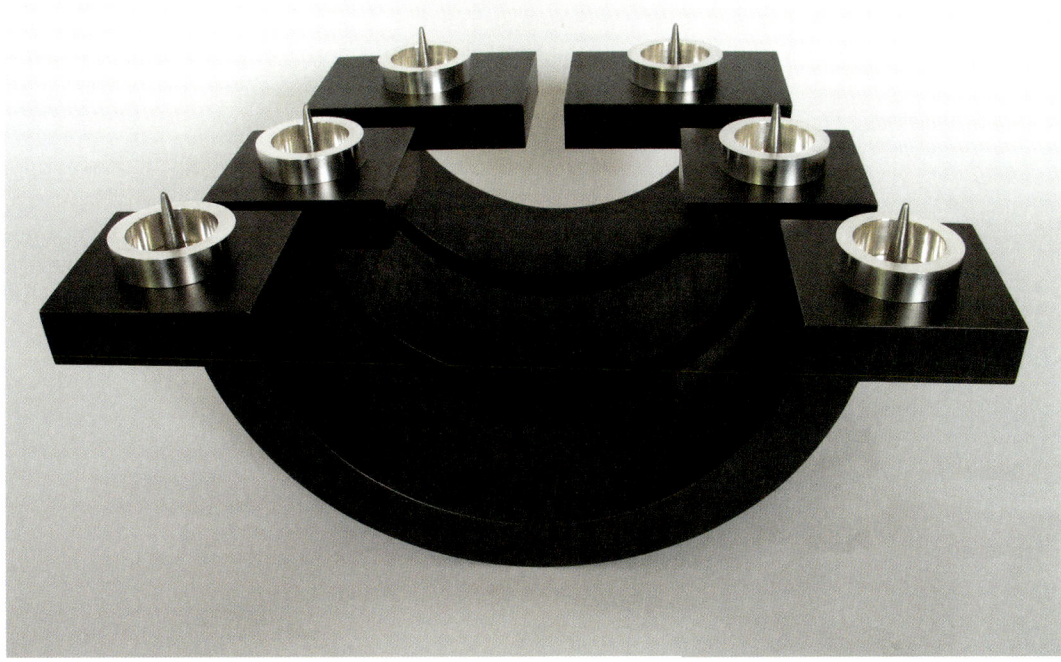

Jan Hebach

geb. **19. August 1977** in Hameln; 1995–2008 **Metallbildhaueratelier Katt. e.V., Hannover;** 1998 Abitur Tellkampfschule Hannover; seit 2000 **selbstständig als freischaffender Künstler;** 2003–2008 **Studium an der HAWK Hildesheim,** Bereich Metallgestaltung; 2008 Studienabschluss **Diplom-Designer (FH);** seit 2008 Diplom-Designer (FH); seit 2010 Lehrauftrag an der **HAWK Hildesheim**

Der Entwurf stellt das Zentrum meiner Arbeit dar. Während ich klassische Geräte und Gefäße in ihrem historischen Kontext verstehe und als **Basis meiner Formensuche** sehe, strebe ich neue und visionäre Lösungen an. Dabei ist **Funktionalität die Grundvoraussetzung.**
Bei der Herstellung der Einzelstücke wird das Metall erst kraftvoll und unscharf geformt, schließlich führen aber **die leichtesten Hammerschläge und der feinste Schliff** zum letztendlichen Ausdruck der Form. In dieser letzten Phase fließen Gedanken und Gefühle in das Werkstück ein und entscheiden über dessen **Ruhe, Spannung, irritierende Wirkung und Schönheit.**

Santokumesser 2008, Damaszenerstahl tordierter Torsionsdamast 1.2842/75Ni8 geschmiedet, L x H 27 x 4 cm, Klinge L 14 cm

Robert Hoffmann

geb. **1979** in Berlin, Allgemeine Hochschulreife, Ausbildung zum Metallbauer/Konstruktionstechnik, **Architektur** Grundstudium an der TU Berlin, Designstudium, Fachrichtung Metallgestaltung an der **HAWK Hildesheim;** 2007–2008 Freier Mitarbeiter im Architekturbüro maaskant in Berlin; 2008 **Diplomarbeit „Modulares Licht"** bei Prof. Werner Bünck in Zusammenarbeit mit maaskant

„**Modular Light**" sind **wandelbare** Leuchtkörper aus Aluminium und Stahl. Ein Grundgerüst mit Leuchtmitteln und Gelenken trägt die Außenflächen. Das Drehen und Kippen der Flächen bricht den inneren Lichtraum der Quader auf. Die Raumwahrnehmung verändert sich. Aus schmalen Lichtlinien werden Lichtflächen. Die **Variabilität** der Module ermöglicht überraschend neue Licht-Raum-Konstellationen.
Die aufgebrochenen **Quader** verwischen die Grenzen zwischen Produkt und Skulptur.

„Modular Light", Material: Stahl, Alminium, pulverbeschichtet
Maße: 35 x 35 x 35 cm, Leuchtmittel: 4 x 60 Watt,
Halogen, dimmbar

Gunther Löbach

geb. **1974** in Werther (Westf.), 1994 Abitur; 1994–1995 Zivildienst; 1995–1997 **Studium der Architektur** (TU Braunschweig); 1998–2000 Ausbildung zum **Tischler und Stellmacher**; 2000–2003 **Gesellentätigkeit** als Tischler und Stellmacher; 2003–2007 **Studium der Metallgestaltung an der HAWK Hildesheim** bei Prof. Werner Bünck und Prof. Georg Dobler; 2007 **Diplomarbeit** „Mustergestaltung im Damaszenerstahl" bei Prof. Werner Bünck; seit 2007 **freischaffend** tätig als Messermacher/Designer; 2008–2010 **Lehrtätigkeiten an der HAWK Hildesheim**

Das **Messer** als eines der **ältesten Werkzeuge** der Menschheit ist auch heute aus unserem Alltag nicht wegzudenken. Die Vielzahl der Anwendungen und Anlässe, bei denen Messer zum Einsatz kommen, bedingt ein **großes Spektrum an Variationen.** Obwohl das Grundprinzip einfach und in allen Fällen gleich ist, sind die Möglichkeiten hinsichtlich Form, Größe, Proportion, technischer Ausführung und verwendeten Materialien sehr vielfältig.

In meiner Auseinandersetzung mit dem Thema Messer versuche ich stets, die **konventionellen Grenzen aufzubrechen,** in gestalterischer Hinsicht wie auch in technischer. So ist der **Übergang zwischen Schneidwerkzeug und Kunstobjekt fließend** – Ästhetik und Ergonomie werden in den Objekten vereint. Die jahrtausende alte Technik des Schmiedens von Damaszenerstahl wird mit moderner, schlichter Gestaltung kombiniert. Ausgesuchte, speziell auf den Verwendungszweck **zugeschnittene Stahlsorten** werden zu einer **Hochleistungs-Klinge** kombiniert, deren Schneideigenschaften denen von industriell hergestellten Messern aus rostträgen Stählen weit überlegen sind.

Um die monochrome, durch ihre Musterung interessante Ästhetik des **Damaszenerstahls** zu maximaler Geltung zu bringen, verwende ich überwiegend schlichte, schwarze Griffmaterialien. So erfolgt eine **Konzentration auf Form und Muster.**

Black Kitchen Mistress VII, Damaszenerstahl handgeschmiedet, Ebenholz, CrNi-Stahl, 32 cm

Melanie Nützel

geb. **1975 in Bayreuth;** 1995 Fachabitur Gestaltung; 1996–1998 **Fachhochschule Coburg,** Innenarchitektur 1998 Innenarchitekturbüro in Nürnberg; 1999–2003 Ausbildung zur **Goldschmiedin;** 2003–2007 Studium an der **HAWK Hildesheim,** Fachbereich Metallgestaltung bei Prof. Georg Dobler und Prof. Werner Bünck; 01/2007 Studienabschluss als **Dipl.-Designerin (FH)** seitdem freiberuflich tätig; 2010 Mitglied im BKV München, **eigene Werkstattgalerie in Bayreuth**

Samt, Seide, Spitze ...
Eine Annäherung von **Streckmetall** an die Textilien Samt, Seide und Spitze. Gemeinsamkeiten sind der **fließende Charakter, das Spiel mit Verdichtungen und Durchbrüchen,** sowie die mit der Zeit fortschreitende **Verwitterung.**

2 Colliers, Stahl-Lochblech oder Stahl-Streckmetall, geformt
Durchmesser ca. 380 mm

Julia Reymann

geb. **1979** in Bremen; 2000–2004 Studium an der **HAWK Hildesheim,** Fachbereich Metallgestaltung, bei Prof. Dobler und Prof. Bünck; 2002 Auslandssemester am **Camberwell College of Art,** London (GB); 2004 **Diplom;** seit 2004 **freischaffend** tätig in Berlin

Filigrane Formen aus Stahldraht, umschlossen von feinem Papiervlies werden zu dreidimensionalen Körpern. Sie sind **leicht und zart,** ihre harmonische Farbgestaltung erzeugt Spannung und Vielfalt.
„Abseits der konventionellen Werktechniken, von den Eigenschaften des Materials begeistert, **arbeite und experimentiere ich mit Japanpapier.** Seine künstlerischen Möglichkeiten bilden die Grundlage für die Gestaltung meiner Schmuckstücke."

Broschen, Stahl, gerostet, 925er Silber geschwärzt, Japanpapier lackiert, Edelstahlnadel L x B 60 x 60 x 15 mm und 75 x 75 x 15 mm

Isabell Schaupp

geb. **1969** in Augsburg; 1990–1993 **Ausbildung zur Tischlerin;** 1993–1996 Reisen, Lernen über das Leben; 1996–2003 Ausbildung u. Tätigkeit als Krankenschwester; 2003–2007 **Studium an der HAWK Hildesheim,** Fachbereich Metallgestaltung, bei Prof. Georg Dobler und Prof. Werner Bünck

Das grundlegende Gestaltungselement in der Serie „**Monatsbroschen"** ist der (Draht-)Trichter. Er steht für ein „**künstliches Organ",** das symbolisch beim Austausch zwischen Träger (innerer Welt) und äußerer Welt unterstützend wirken soll.

Die Anzahl der Trichter variiert zwischen 28 und 31 Stück, also der Anzahl der Tage eines Monats. **Bei einigen Stücken ist die Form des Trichters offensichtlich,** bei anderen wurden die zarten Drahtgebilde flachgedrückt, wobei ein interessantes Spiel zwischen Zwei- und Dreidimensionalität entsteht. Trotz ihrer Flächigkeit wirken die Trichter **durch scheinbare Perspektive räumlich.** Unterstützt wird dieser Eindruck bei den vorliegenden Arbeiten noch durch den Kontrast zu den in das Aluminium eingepressten Drahtstrukturen. Aus der Kombination dieser zwei- und dreidimensionalen Elemente entstehen nun die in sich abgeschlossenen „Monate"/Broschen, die wie fremdartige Pflanzen oder Lebewesen erscheinen, je nachdem wie die einzelnen Trichter (Tage) arrangiert wurden.

Monatsbrosche, 42., Ansteckschmuck, 2010
Stahl, Aluminium, Silber, L x B 130 x 35 mm

Petra Schmalz

geb. **1970** in Hassfurt; 1986 Ausbildung zur Gärtnerin; 1991 Meisterprüfung Gartenbau, Meisterschule Straelen; 1996 Ausbildung Metallbau, Fachrichtung Metallgestaltung in Bötersheim; 1998 **Gesellenprüfung,** anschließend Gesellenzeit in verschiedenen Betrieben; 2002 Studium **Metallgestaltung an der HAWK Hildesheim;** 2007 Diplom; 2008 **Gründung des Designbüros Tietgen & Schmalz**

2 Schalen, Damaszenerstahl, Durchmesser 150 und 155 mm

Somchart
Suphanaphasote

1999–2002 **Diplomabschluss Metallgestaltung** bei Prof. Werner Bünck, **HAWK Hildesheim;** 2008–2010 **MA Abschluss Metallgestaltung** bei Prof. Georg Dobler und Hartwig Gerbracht, Verw.-Prof., **HAWK Hildesheim**

Fein geschmiedete, kalligrafische Zeichen tragen das Licht. Die Position und Richtung der einzelnen Stele kann verändert werden. Der Benutzer ist also aufgefordert die Raumstrukur und die Position der Kerzen zu komponieren. Die mit Wasser gefüllten Sockel können ebenfalls unabhängig voneinander positioniert werden.

Tischleuchter, 2-tlg. Kupfergefäße mit geschmiedeten Stahlspitzen
L x B x H 350 x 420 x 450 mm

Ralf Tegtmeier

1984–1987 Ausbildung im Schlosserhandwerk bei Firma H. Altfeld in Frankfurt/M.; 1987–1996 Gesellentätigkeit bei Fa. H. Altfeld in Frankfurt/M.; 1996–1998 **Fortbildung mit Abschluss zum Geprüften Gestalter** im Handwerk an der Werkakademie für Gestaltung in Kassel; 1998–2000 Gesellentätigkeit bei Firma H. Nusser in Loppenhausen/Allgäu; 2000–2005 Studium im Studiengang Metallgestaltung an der **HAWK Hildesheim;** seit 2004 tätig als **freischaffender Metallgestalter;** 2003/2004/2005 Teilnahme an jährlichem Schmiedeseminar auf der Burg Helfstyn (Tschechien) bei A. Habermann; 03/2005 Abschluss als **Dipl.-Designer** an der **HAWK Hildesheim,** Metallgestaltung; 2005 Tätigkeit in Werkstatt für Metallgestaltung bei O. Hafen, Meckenbeuren; 2009 Zaunanlage für ein denkmalgeschütztes Stadthaus in Hannover; in Zusammenarbeit mit Carsten Schmidt; 2011 Künstlerisches Vogelnest für Schulneubau in Frankfurt/M. in Zusammenarbeit mit Carsten Schmidt

Das Schmieden ist ein **schöpferisches Spiel** zwischen loderndem Feuer und den temperamentvollen Schlägen eines Schmiedehammers. Im Verlauf dieses Spieles einfache, schlichte und klare Formen zu erschaffen ist mein Anreiz, in den Schmiedeprozess einzutreten. Auch im schweren Material Eisen liegt eine **Feinheit** verborgen, die zu entlocken mich **zum Experimentieren** anregt. Kein Werkzeug lässt sich benutzen, ohne dass sich Spuren auf dem zu bearbeitenden Material zeigen. Es ist auch **die Spur des Menschen,** der dieses Werkzeug führt. Nach meiner Handschrift zu forschen, mich selbst und das Material zu entdecken ist die **Triebfeder in diesem schöpferischen Prozess.**

Die Techniken der Schmiedearbeit sind in diesem Sinne nicht frei schwebend im Raum, sondern verbinden sich beim Experimentieren mit dem Material und meiner Persönlichkeit. Werkstoffspezifische Verfahren scheinen Grenzen vorzugeben. Es bereitet mir Spaß, an ihnen entlang zu arbeiten, sie zu überschreiten, um dabei **Neues zu entdecken.**

Ich spiele mit meiner Erfahrung und manchmal mit dem Zufall. Dem geschmiedeten Objekt verleiht dies **Charakter und Individualität.** Ein weiterer Reiz beim Entwerfen und Arbeiten liegt für mich in der **Kombination des Stahls mit Holz, Stein und Glas.**

Der Entwurfsprozess wird dabei begleitet von dem Wechselspiel zwischen mir und den Wünschen des Auftraggebenden, mit dem Ziel, das Ergebnis persönlich und individuell zu gestalten. Meine Betätigungsfelder liegen im **sakralen Bereich,** auf dem Gebiet der angewandten Kunst, Kunst am Bau und im privaten Bereich.

3 cm dicke, kompakte Stahlronden geschmiedet.
Der ursprüngliche Durchmesser des Rohlings bestimmt
die endgültige Größe von 160 bis 400 mm

Lilli Veers

07/1996 Abitur Berufspraxis; 08/1996–01/2000 Ausbildung zur Goldschmiede-Gesellin; 02/2000–08/2001 **Tätigkeit als Goldschmiede-Gesellin;** 01/2003 Abschluss als Goldschmiede-Meisterin; 09/2001–02/2006 Studium an der **HAWK Hildesheim** bei Prof. Georg Dobler und Prof. Werner Bünck, Fachbereich Gestaltung, Abschluss als Diplom-Designerin; 03/2006 Tätigkeit als **selbstständige Diplom-Designerin**

Meine Arbeiten entstehen aus einer kontinuierlichen Vernetzung und **Überlagerung von Elementen, Räumen. Zwischenräume** sollen Übergänge ermöglichen, um sie durch Auslassung zu akzentuieren und zu verbinden. Dabei versuche ich, in meinen Stücken die Komplexität zu reduzieren, damit die **Beziehungen der Gestaltungselemente zueinander überschaubar bleiben** und Raum gelassen wird. So kommt es zu einem immer gleichen, einfachen Aufbau von Zellen und zu dem Versuch, **im Multiplen das Einzelne herauszustellen.** Es entstehen also einfache geschlossene Ordnungen, die aber ein spannungsvolles Kompositionsgefüge bilden sollen.

Ansteckschmuck „Modulare Systeme" Edelstahl montiert, partiell lackiert

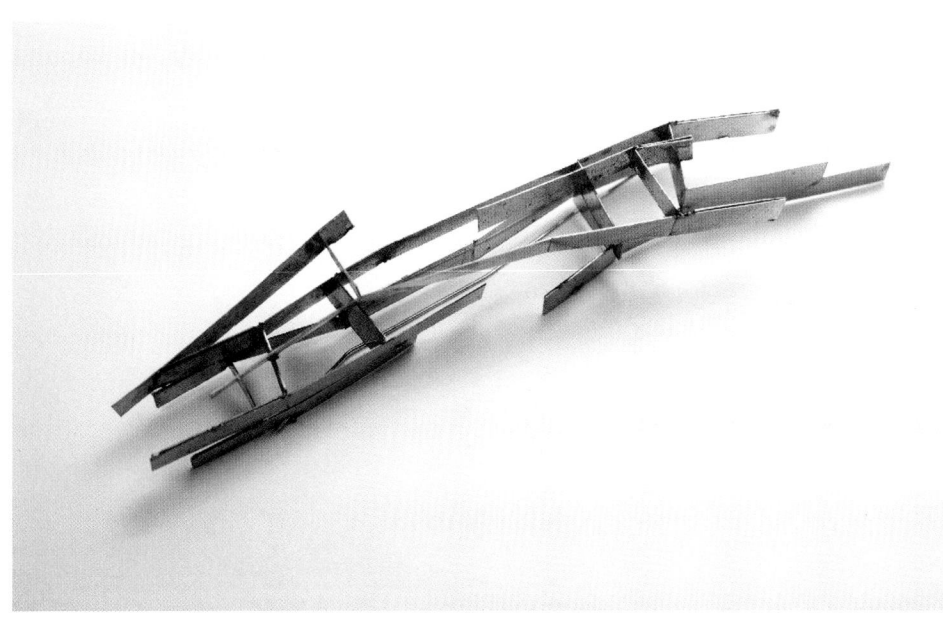
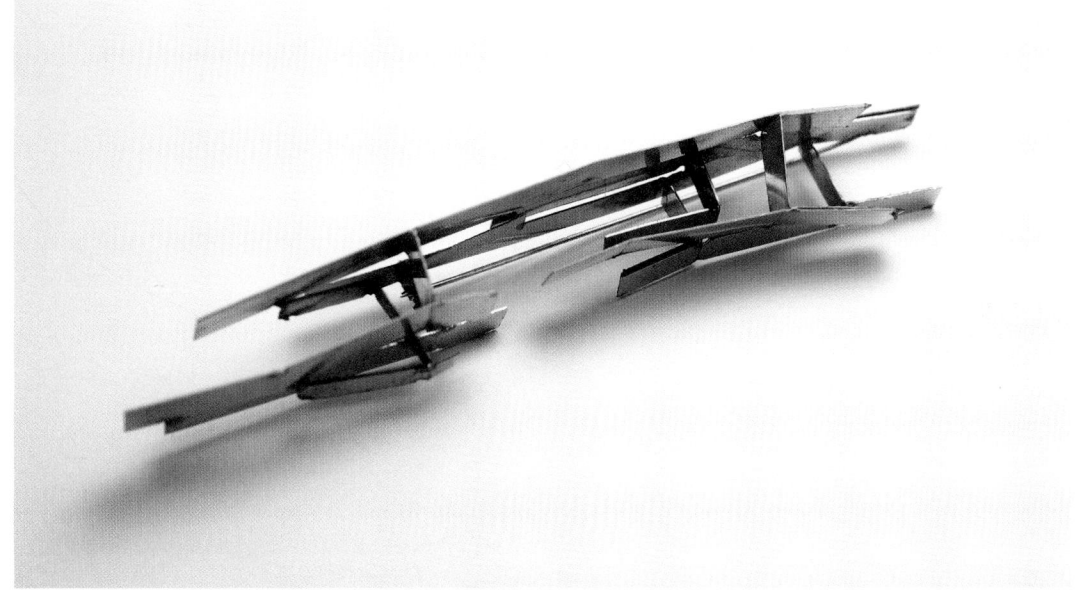

Silke Wrede

26.04.1978 geboren in Verden, Abitur; 1999/2000 **Praktikum bei dem Metallbaumeister** Jürgen Stegmann in Ubbendorf; 2001 bis 2005 **Studium der Metallgestaltung** bei Prof. Georg Dobler und Prof. Werner Bünck an der **HAWK Hildesheim;** 2005 Diplom; seit 2005 **Selbständigkeit als Metallgestalterin**

Stuhl und Tisch im Großformat aus Edelstahl. Um viele Male verkleinert sind sie als Ringe tragbar. Diese Objekte sind Teil der Diplomarbeit „**Dimension und Gebrauch**". Zielsetzung dieser Arbeit: **Design, das in groß und klein funktioniert,** aber durch Änderung der Größe eine andere Verwendung bekommt. **So wird aus einem Stuhl ein Ring,** ohne dass es den Reiz des Designs mindert.

Inspiriert vom **Minimalismus** sind die Objekte sehr schlicht gehalten und dadurch besonders ausdrucksstark geworden. Besonders reizvoll an diesen Objekten ist die **Linienführung der Seitenansicht**. Ein Stuhl- bzw. Tischbein ist zu erkennen. Als Folge der Tragfähigkeit als Ring ist das andere Bein stark ausgeweitet.

Stuhl- und Tischobjekt, Edelstahl montiert, Oberfläche glasperlengestrahlt, Stuhl: 940 x 660 x 440 mm, Tisch: 660 x 470 mm

neit der

ns
Objekte

Gäste

82 Anne Achenbach 84 Volker Atrops 86 David Besenfelder 88 Georg Dobler 90 Hartwig Gerbracht 92 Luise Herb 94 Mirjam Hiller 96 Ruprecht Holsten 98 Margit Jäschke 100 Thomas Leu 102 Claudia Rinneberg 104 Ines Schwotzer 106 Peter Skubic 108 Silke Trekel 110 Vera von Claer

Anne Achenbach

geb. **1985** in **Marburg**; 2001–2003 Willy-Brandt-Schule in Gießen, **Fachhochschulreife** für Gestaltung; 2003–2007 Staatliche Zeichenakademie in Hanau, Ausbildung zur staatlich geprüften **Goldschmiedin**; 2007–2011 Fachhochschule Düsseldorf, **Bachelor of Applied Art and Design**

Die Formen dieser **Broschen** orientieren sich an Gegenständen aus meinem täglichen Umfeld. Dabei handelt es sich um **industriell gefertigte Lüftungsanlagen** und einen Zierkirschbaum, welche ich in diesen zwei Broschenserien aufgegriffen habe. Die Umsetzung der Formen durch Sägen und Falten wird dem dünnen Stahlblech gerecht und ist maßgeblich für die **Formensprache** dieser Broschen.

vier Broschen, Stahlblech gefaltet, Oberfläche verzinkt
Größe: ca. von 75 x 45 bis 110 x 35 mm

Volker Atrops

geb. **8. April 1965** in **Krefeld;** noch nicht verstorben

Ein Ring
An der Stelle, an der normalerweise die Enden verlötet werden, befinden sich **Schlaufen.** Diese bilden zwar keine feste Bindung, aber ein dekoratives Element, das den Ring praktisch wie **ästhetisch** geschlossen erscheinen lässt. Es scheint an nichts zu mangeln, allerdings ist der Ring aus Eisen und nicht wie üblich für ein solches Schmuckstück aus **Gold.**

Stahlstreifen gebogen und geformt, Oberfäche oxidiert

David Besenfelder

geb. **1973** in Rottweil am Neckar; 1990 Abschluss der Schulzeit in Schömberg; 1990 **Ausbildung** zum Metallbauer bei Prof. Erich Hauser in Rottweil; 1993 Vorzeitiger Ausbildungsabschluss: Innungs,- Kammer,- und 3. Landessieger; 1993 Mitarbeit bei Prof. Erich Hauser; 1994 **Begabtenförderung** des Bundesministeriums für Bildung und Wissenschaft; 1994 Erwerb der **„Alten Schmiede";** 1995 Umbau und Renovierung zu Atelier und Werkstatt; 1997 Herz für Mariposa/Teneriffa (Mariposa-Projekt); 1998 Meisterprüfung und Meisterstelle bei **Prof. Erich Hauser;** 1998 Umsetzung zahlreicher Projekte und Auftragsarbeiten: Siegerpreise „Südwest Classic", „Postbox Rottweil", „Ritter von Allmannsdorf"; 1999 Schweißfachmann (EWS/IWS); 2000 **Lehrertätigkeit** an den Gewerblichen Schulen Rottweil; 2002 Schweißwerkmeister/Schweißlehrer (DVS); 2007 Mitglied im Bund der Kunsthandwerker Baden-Württemberg e.V.; 2008 Förderpreis für das junge **Kunsthandwerk,** WM Baden-Württemberg; 2011 EUNIQUE in Karlsruhe: Top of Europe

Stahl; Formen
Stahlformen, Stahl formen, immer wiederkehrender Versuch einer **Symbiose aus Werkstoff, Funktion und Form** mit dem Ziel der Langlebigkeit und Formvollendung als Zeichen gegen die in unserer Gesellschaft vorherschende Wegwerfmentalität, die ständig den Reiz des Neuen propagiert, sei dieser Reiz auch noch so schnelllebig.

Vase, Edelstahl, montiert, Oberfläche poliert, H x B 400 x 140 mm

Georg Dobler

geb. **1952** in Bayreuth; 2000 Galerie Spektrum München (D), Galerie RA, Amsterdam (NL), Grassi Museum, Leipzig (D); 2001 Gallery HELEN DRUTT, Philadelphia (USA); 2002 Galerie Grosche, Castrop Rauxel (D), Gallery DRUTT/WEXLER, Philadelphia (USA); 2003 Galerie Spektrum, München (D); 2004 Werkstattgalerie Berlin (D); 2005 Galleri HNOSS Göteborg (S), Galerie RA Amsterdam (NL); 2006 Hurong Lou Gallery, Philadelphia (USA); 2007 Galerie V&V Wien (A); 2008 MOBILIA Gallery, Cambridge-Boston (USA), Galerie Pruell, Weiden (D), Galerie Spektrum, mit W. Krüger, München (D); 2009 Galerie SLAVIK, mit Margit Jaeschke, Wien (A); 2010 MOBILIA Gallery, Cambridge/Boston, MA. (USA); Galerie RA, Amsterdam, (NL); 2011 SchmuckMuseum Pforzheim, Pforzheim (D); Dt. Goldschmiedehaus Hanau, Hanau (D)

Stahl, eine spröde Liebe
Die physikalischen Eigenschaften sind kaum zu übertreffen, mit federhartem **Edelstahl** lassen sich filigrane **Schmuckobjekte** schaffen, die in Edelmetall nicht denkbar sind. Das Verbinden mittels Hartlöten macht keine Probleme, es muss nicht zwingend montiert werden. **Geringes Gewicht,** gepaart mit Härte und Elastizität, macht vieles Denkbare machbar. Ich schätze sein kaltes Grau.

Hartwig Gerbracht

geb. **1966 in Mainz;** 1982–1985 Kunstschmiedelehre und Gesellentätigkeit bei **H. Gradinger** in Mainz; 1985–1988 Gesellentätigkeit in verschiedenen Werkstätten; 1988–1994 selbstständiges Gestalten und Realisieren von **Schmiedearbeiten** in der elterlichen Schmiedewerksatt; 1991–1994 Studium der **Metallgestaltung** bei Prof. W. Bünck und Prof. A. Heuer an der **HAWK Hildesheim;** 1994 Gründung der Designwerkstatt Hildesheim mit Bettina Schneider; 1996–1909 künstlerisch-wissenschaftlicher Mitarbeiter an der **HAWK Hildesheim;** seit 2009 Verwaltungsprofessur an der **HAWK Hildesheim**

Schmiedearbeiten waren früher **Gebrauchsgegenstand,** manchmal Angewandte Kunst. Zwischenzeitlich verfielen sie zum Dekor. Ein Grund mehr das **Potenzial** dieser handwerklichen Tätigkeit zu beachten.

Tranchier-Vorlegebesteck, 4-teilig, rostfreier Klingenstahl geschmiedet, Oberfläche geschliffen

Luise Herb

geb. **20. August 1984** geboren im württembergischen Schorndorf; 1995–1998 Gymnasium Friedrich ll. Lorch; 1998–2004 **Scheffold Gymnasium Schwäbisch Gmünd,** abgeschlossen mit Abitur; 2001–2002 mehrwöchige Praktika in der Schmuckgalerie D'Orado von Conrad Stütz in Schwäbisch Gmünd; 2004–2007 dreijährige Ausbildung am Berufskolleg für Design – Schmuck und Gerät – in Schwäbisch Gmünd, abgeschlossen als staatlich geprüfte **Designerin** (angewandte, Formgebung, Schmuck und Gerät); Preis der Gewerblichen Schulen Schwäbisch Gmünd für sehr gute Leistungen; Preis des Fördervereins für die **Gold- und Silberschmiedeschulen,** Schwäbisch Gmünd e.V. für eine sehr gute Abschlussarbeit; 2007–2008 Ausstellungsbeteiligung anlässlich des Comenius-Projekts „open circle" in Schwäbisch Gmünd – Deutschland, Glasgow – Schottland, Lahti – Finnland und Padua – Italien; 2011 Bachelor-Report **„was bleibt – Konzeption, Entwurf und Realisation von Schmuck zum Thema Vergänglichkeit";** seit März 2011 Master-Studium im Studiengang Applied Art and Design am Fachbereich **Design** der Fachhochschule Düsseldorf

Kubenspiel

Luise Herb, Kubenspiel 2011, Arbeit aus dem Bachelor-Report **„was bleibt"** – Konzeption, Entwurf und Realisation von Schmuck zum Thema Vergänglichkeit im Studiengang Applied Art and Design am Fachbereich Design der Fachhochschule Düsseldorf.

Das für die Brosche verwendete **Weißblech** wird dem Recyclingkreislauf in Form von Altblechdosen entwendet, gesäubert und schmuckfein zugerichtet. Das gewonnene Weißblech wird zu offenen Kuben aufgebogen.

Kuben an **Kuben.** Miteinander vernietet. So beweglich, dass sie sich bei jeder Bewegung an die jeweilige Körperstelle anpassen. Verschieden hoch, dass ein reliefartiges Spiel mit Höhen und Tiefen entsteht, unterstrichen von der materialgegebenen, schillernden **Farbigkeit.**

Doch mit der Zeit werden sich diese Eigenschaften verlieren, da die Kuben zu rosten beginnen, das Relief regelrecht **zerfressen** wird, ebenso die Farbigkeit. All dies geht einher mit einem Verlust der **Beweglichkeit,** bis sich schließlich einzelne Kuben aus dem Kollektiv lösen und mit der Zeit die Brosche auseinander fällt.

Halsschmuck, bedrucktes und lackiertes Weißblech, rostender Stahldraht, Silberlot, Maße: 140 x 110 mm

Mirjam Hiller

geb. **1974** in Stuttgart; 1996–1999 Juwelier Hunke, Ludwigsburg; 1999–2002 **Goldschmiedeschule** Pforzheim, Berufskolleg für Design, Schmuck und Gerät; 2005–2006 **Nova Scotia College** of Art and Design, Halifax, Kanada; 2003–2008 **Studium** an der Hochschule Pforzheim, Fakultät für Gestaltung **(Dipl.- Designerin);** seit 2008 **eigene Werkstatt** in Potsdam

Zuerst ist es ein **Gedanke,** ein sehr plastischer Gedanke einer Form, eines Raumes, den ich betreten kann. Ich erkunde ihn, lasse mich **verzaubern.** Möchte ihn **greifen** und immer wieder erleben können. Er ist sehr komplex, baut sich aus unterschiedlichsten Farben, Strukturen, Formen und Düften auf und je nachdem von wo ich schaue, verändert sich alles.

Muss mich entscheiden, reduzieren auf das Wesentliche und einen Weg der **logischen Umsetzung** finden, um dem Konstrukt in meinen Gedanken, das sich jeglicher Logik entzieht, einen Raum in der Welt der greifbaren Dinge geben zu können. Konzentriere mich auf ein Material, eine Farbe, alles andere zerstreut mich zu sehr, lenkt mich ab von dem Gedanken. **Erfasse die Form,** die sich vor meinem inneren Auge ausbreitet als ganzes dreidimensionales Gebilde, entfalte sie in die zweite **Dimension,** zeichne sie auf, vage, säge sie aus, mit dem Bewusstsein, dass jeder Schnitt endgültig ist.

Brosche „iulesa", 2011, Edelstahl, pulverbeschichtet
8 x 3,5 x 3,5 cm;
Brosche „lusema", 2011, Edelstahl, pulverbeschichtet
8 x 8 x 3,5 cm (Technik: Abwicklung, Sägen, Biegen)

Ruprecht Holsten

1964 in Bremen geboren; aufgewachsen in der vom Großvater gegründeten Schmiede in Otterstedt; Lehre zum Gürtler in der Bremer Metallkunst-Werkstatt von Michael Harjes; **Tätigkeitsfelder: Geschmiedete Stahlschalen, getriebenes Gerät, Bau-, Wohn-und Gartenraumausstattung aus Stahl, Edelstahl und Buntmetallen**

„Die Formen entstehen nicht am Zeichenbrett, sondern werden, gleichsam experimentell, während der Arbeit entwickelt. Die aus **mehreren Teilen** zusammengeschweißten Gefäße sind aus großen, mäßig gewölbten, handgeschmiedeten Kugelsegmenten montiert.
Für das Gefäß mit sich überkreuzendem Rand werden die einzelnen Teile gegeneinander versetzt wieder zusammengefügt. Die Oberfläche wird gewachst und zeigt **die interessante Struktur der Feuerzeichnung.**"
Uta Bernsmeier, Katalog: Metall in Form, Focke Museum, Bremen, 2004

Kreuzvase, Stahl, geschmiedet, 35 x 17 x 17 cm

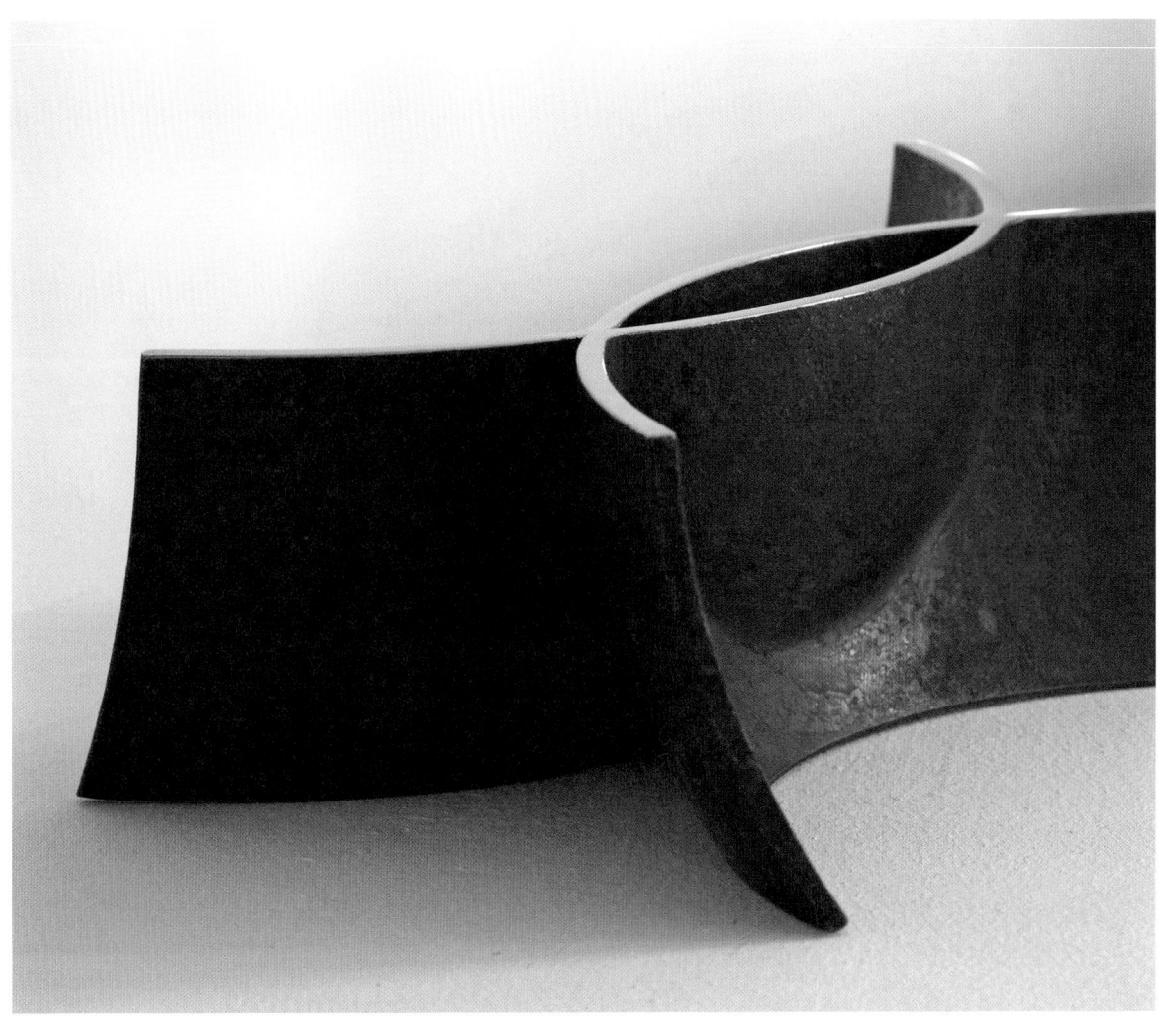

Margit Jäschke

geb. **1962** in Halle; 1983–1991 Studium an der Burg Giebichenstein – Hochschule für Kunst und Design, Halle, Fachgebiet **Schmuck** bei Renate Heintze und Dorothea Prühl; 1991 Diplom; seit 1991 freischaffend in Halle tätig; 1993 Geburt der Tochter Linn; 1992–2001 Lehrtätigkeit an der Burg Giebichenstein – Hochschule für Kunst und Design, Halle; 1999 Geburt des Sohnes Louis; 1991 **Arbeitsstipendium** des Landes Sachsen-Anhalt; 1993–1994 Arbeitsstipendium der Stiftung Kulturfonds Berlin; 2002 „Grassipreis" der Galerie Slavik, Wien Museum für Kunsthanwerk, Grassimuseum Leipzig; 2007 Arbeitsstipendium Kunststiftung Sachsen-Anhalt; 2008 **„Grassipreis"** GRASSI Museum für Angewandte Kunst, Leipzig, 2010 Arbeitseitsaufenthalt in New York, Auslandsstipendium der Kunststiftung Sachsen Anhalt

Stahl verbinde ich immer mit Härte, **Haltbarkeit** und Unsinnlichkeit. Die für mich scheinbare Not wollte ich in eine **Tugend** ummünzen – mich der Härte des Materials bedienen und trotzdem sinnliche **Objekte/Broschen** entstehen lassen.

3 Broschen, Stahlblech, Eisenblech, Quarze und Acrylfarbe, L x B von 60 x 60 bis 120 x 50 mm

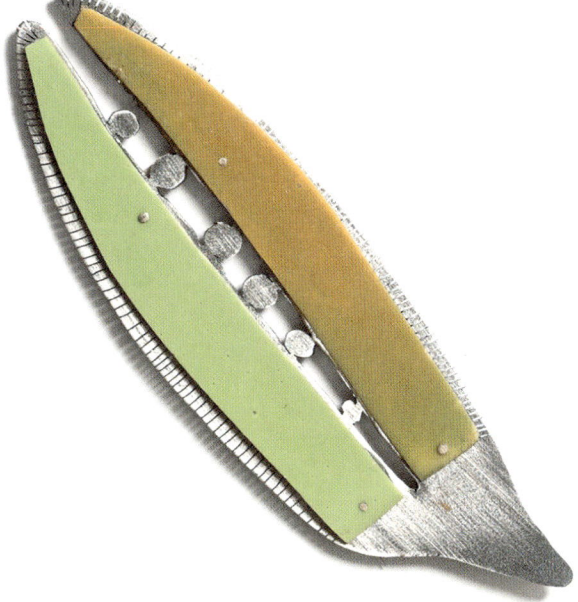

Thomas Leu

geb. **1964** in Halle; 1983 Abitur; 1983–1985 **Schmiedelehre bei J. Bzdok in Magdeburg,** Mailier- und Gürtlereiausbildung in Thale und Halle; 1985–1990 Studium an der Hochschule für Kunst und Design Burg Giebichenstein Halle, Fachbereich Metall/Email bei Prof. Irmtraud Ohme; 1990 Diplom; 1990/1991 Aufbaustudium im selben Fach; seit 1991 **freiberuflich in gemeinsamer Werkstatt für Metallkunst in Halle mit Cornelia Weihe, Rainer Henze und Friedemann Knappe;** 1993 Arbeitsstipendium der Stiftung Kulturfond Berlin; 1994 **Arbeitsstipendium** des Landes Sachsen-Anhalt; 1999 Arbeitsstipendium **der Stiftung Kulturfond Berlin;** 2001 Brückenskulptur „Raumklammer" für die neue Viergelindenbrücke Rostock, Realisierung bis 2003; 2005–2006 Kruzifix für die Stiftskirche Quedlinburg; **2004–2007** Mitglied des Kunstbeirates des Landes Sachsen-Anhalt; 2009–2010 „Zoning Resolutions" Projekt und **Stipendium am ISCP New York City** Teilnahme am Projekt „in the public realm", New York

Fire Escapes

Die **Feuerleitern in den Straßen von New York** gehören unbedingt mit zu den Dingen, die das einzigartige Bild dieser Stadt prägen. Sie sind manchmal schön, manchmal hässlich, manchmal stören sie den Blick auf eine interessante dahinterliegende Fassade, manchmal werten sie ein sonst eher unscheinbares Haus auch deutlich auf. **Aber: Sie sind allgegenwärtig, wie transparente eiserne Gespinste,** die vergessen wurden, von den Häusern gefegt zu werden. Als Metallbildhauer sehe ich sie natürlich auch abstrakt, einfach als Skulpturen oder Installationen an einer Wand. **Mein Entwurf verfremdet den praktischen Sinn und Zweck dieser Objekte.** Er ist inspiriert von den Schriftzeichen in Chinatown, wo sich beides miteinander vermischt, verfremdet aber auch diese. Die sonst meist nüchterne Struktur dieser Treppen bekommt auf einmal **etwas fremdartig Poetisches.** Plötzlich führt die Fluchttreppe in den Himmel statt auf die Straße, endet im Nichts oder der Fluchtweg verläuft im Kreis. **Manchmal gibt es eben keine geraden und einfachen (Flucht-) Wege aus einer schwierigen Situation.** Der Entwurf war ein Beitrag zum Wettbewerb des Public Realm Found New York 2010.

„Fire Escapes", Stahl gerostet, 900 x 500 x 60 mm

Claudia Rinneberg

geb. **23.08.1976** in **Berlin;** 1996–1999 Studium Psychologie, Sportwissenschaft und Pädagogik; 1999 Ausbildung zur Rettungssanitäterin; 1999–2003 Ausbildung zur **Goldschmiedin** Zeichenakademie Hanau; 2004 Stipendium und Lehrassistenz **Leonardo da Vinci** an der Alchimia, Florenz, Sprachkurs Italienisch, Lehrerin der Intensiv Goldschmiedekurse, Teilnahme an Designklassen Philip Sajet, Robert Smit und Manfred Bischoff; 2003 Stipendium und Lehrassistenz C. Hafner, Alchimia an der Alchimia Florenz, Sprachkurs Italienisch, Lehrassistenz, Kursteilnahme Manuel Vilhena. Seit 2004 selbstständig als **freischaffende Künstlerin** und Goldschmiedin; 2005, 2007 und 2008 Geburten meiner Kinder MoritzLino, Benno und ElsaLotta, diverse **Veröffentlichungen** in Fachzeitschriften der Jahre 2003–2004, Buchbeiträge für 100 Rings, Found Objekts, Lark Books, Alchimia Jubiläumsbuch

Zeitsprünge und Gedankensprünge | mit anderen, neuen, alten, verworfenen, nicht **wertvollen materialien** | etwas schaffen was schmuck ist | schmückt | freude bereitet beim anschauen und | den träger stolz und aufrecht gehen lässt | ist meine intention mich an den werktisch zu setzen.| bevor mich hier form und figur findet, habe ich etwas auf wegen, steigen, stränden | und **schrottplätzen** gefunden.| material, welches weggeworfen zu viel leben in sich trägt als in der presse zu landen.| ich liebe es, diese geschichten zu erspüren.| oberfläche und struktur,| zeugnisse des gelebten | bleiben erhalten in meinem umformen, schmuckformen.| ein gold hier und da, welches teuer und teurer um die ecke blitzt | perfektioniert die farbliche **harmonie** und **gegensätzlichkeit.**

Broschen, Stahlkästen mit Miniaturen ca. 40 x 40 mm

Ines Schwotzer

geb. **1969** in Annaberg-Buchholz, Schulausbildung; 1976–1986, Lehre und Berufstätigkeit als Werbegestalterin, Studium der **Textilgestaltung** an der Fachschule für Angewandte Kunst Schneeberg; 1990–1993, Gastseminar an der Fachhochschule für Gestaltung Pforzheim, Fachbereich Schmuck und Gerät, Studienabschluss als **Diplom-Designerin** (FH) an der Fachhochschule für Technik und Wirtschaft Zwickau, Fachbereich Angewandte Kunst Schneeberg 1994; seit 1995 **freischaffend** als Gestalterin tätig, Teilnahme an Messen und Ausstellungen, Kurse im modernen **Spitzenentwurf**

Durch den Einsatz des Materials Draht sowie durch die Erschaffung plastischer Formen und Strukturen entstehen außergewöhnliche Schmuckobjekte von großer Filigranität und Leichtigkeit.

Auf das spannungsvolle und zugleich harmonische Zusammenspiel von Form und Struktur sowie von Technik und Material lege ich ebenso großen Wert wie auf die tadellose handwerkstechnische Ausführung der Klöppel- und Montagearbeiten.

Halsschmuck, 2010, aus feinem Edelstahldraht geklöppelt, Durchmesser: ca. 30 cm

Peter Skubic

geb. am **11.08.1935** in Gornji-Milanovac, Jugoslawien; 1952–1954, Fachschule für **Metallkunstgewerbe** in Steyr, Oberösterreich (A); 1954–1958, Akademie für Angewandte Kunst in Wien (A), Klasse Prof. Eugen Mayer; 1969 erste freie Schmuckarbeiten, Beginn der **Ausstellungstätigkeit;** 1979 Berufung an die Fachhochschule Köln (D), Fachbereich Kunst als Professor für Schmuckgestaltung; 1975 Initiative und Organisation des Symposiums „**Schmuck aus Stahl**" in Kapfenberg, Steiermark (A); 1979 Initiative und Organisation „Schmuck International 1900–1980" im Künstlerhaus, Wien; 1991 Organisation des Symposiums Haldenhof in Wissgoldingen (D); 1983/1984/1996 Professor an der Sommerakademie für bildende Kunst in Salzburg (A); 2000 Gastprofessor für **Schmuckgestaltung** an der Fachhochschule Düsseldorf (D); 1999/2000 Künstlerische Leitung der Sommerschule für Schmuck in La Corte, Sambruson (I); 2002–2003 **Gastprofessor** für Schmuckgestaltung an der Hochschule für Kunst und Design, Burg Giebichenstein, Halle an der Saale (D) lebt und arbeitet in Garmischdorf im Burgenland und in Wien (A)

Der Becher ist aus dem Vollen gedreht und außen achteckig gefräst. Danach mühsam gefeilt. Er entstand, weil mein Co-Lehrer, Wilhelm Nagel, gemeint hat, jeder Gold bzw. Silberschmied müsse einen Becher gemacht haben. Das war meine Antwort.
Der Becher hat durch Ab- und Anschwellen der Wandstärke ein bewusstes Volumen, bei gleicher dünner Wandstärke ist das Material nur eine Grenze zwischen innen und außen. Er hat natürlich gemeint: einen aufgezogenen Becher. Man hätte ihn auch giessen lassen können!

1986, Edelstahlbecher, aus dem Vollen gedreht und außen achteckig gefräst, danach gefeilt, 100 x 70 mm

Silke Trekel

geb. **1969** in Rostock; 1987–1989 **Ausbildung zur Edelmetall-Facharbeiterin,** VEB Ostsee-Schmuck Ribnitz-Damgarten; 1989–1991 Arbeit in verschiedenen Werkstätten in Leipzig und Pforzheim, Abendstudium an der Hochschule für Grafik und Buchkunst Leipzig; 1991–1997 **Studium an der Burg Giebichenstein – Hochschule für Kunst und Design Halle,** Fachgebiet Schmuck bei Prof. Dorothea Prühl, Diplom; 1994–1995 **Studium am Lasalle College of the Arts, Singapore** (6 Monate); 1997–1998 Aufbaustudium an der Burg Giebichenstein – **Hochschule für Kunst und Design Halle,** Fachgebiet Schmuck bei Prof. Dorothea Prühl; seit 1998 freischaffend in Halle/Trebitz tätig; 2004 **Gastdozentin, Masterclass, Royal College of Art, London;** seit 2008 **Gastdozentin am Landesinstitut für Lehrerbildung Sachsen-Anhalt**

Strukturen in der Ebene und im Raum sowie Ordnungsprinzipien im weitesten Sinne faszinieren mich. Diese aufzuspüren und in Schmuck umzusetzen, ist mein künstlerisches Anliegen. Aus wenigen Grundelementen entstehen raumgreifende komplexe Strukturen, deren Reiz in der Balance zwischen der Einfachheit in der großen Form und dem Reichtum im Detail der kleinen Form, dem Ornament, besteht.

Halsschmuck, 2010, L 35 cm Eisen ziseliert, emailliert, Gold

Vera von Claer

Lehrbefähigung, Emailleurin Gold und Silberschmiedemeisterin, 3 Staatspreise, **Ausstellungen im In- und Ausland,** Werke im öffentlichen und kirchlichen Besitz

Schneckenkette, 2008, Eisen, Gold und Silber, Eisenblech schneckenförmig ausgesägt und mit Golddraht und Perlen auf unterschiedliche Höhen gebracht

Ausstellungen
Teilnehmer

Anne Achenbach ■ Aliki Apoussidou ■ Saskia Detering ■ Georg Dobler ■ Rahel Fiebelkorn ■ Jochen Garms ■ Hartwig Gerbracht ■ Eva Harenberg Ullrich ■ Jan Hebach ■ Mirjam Hiller ■ Robert Hoffmann ■ Ruprecht Holsten ■ Margit Jäschke ■ Gunther Löbach ■ Thanh-Truc Nguyen ■ Melanie Nützel ■ Julia Reymann ■ Claudia Rinneberg ■ Isabell Schaupp ■ Petra Schmalz ■ Ines Schwotzer ■ Hiawatha Seiffert ■ Alexander Seitz ■ Stefan Strube ■ Somchart Suphanaphasote ■ Ralf Tegtmeier ■ Silke Trekel ■ Silke Wrede

Ausstellungen Teilnehmer

Anne Achenbach

Gruppenausstellungen 2007 „00/07 ein Zeitfenster", Staatliche Zeichenakademie, Hanau **2008** „00/07 ein Zeitfenster", Villa Bengel, Idar-Oberstein; New Traditional Jewellery, „intimacy" Westergasfabriek, Amsterdam, Niederlande **2009** Legnica festival of silver, „silver schools" galeria Sztuki w Legnicy, Legnica, Polen; „ZA Design-Label" Ausstellungshalle 1A, Frankfurt am Main **2010** „Aus Dorf", Studenten der FH Düsseldorf auf der imm cologne Messe Köln; „three city storytelling" NAiM Bureau Europa, Maastricht, Niederlande; Modemuseum Hasselt, Belgien; FH Düsseldorf, Deutschland; „Stroh zu Gold", Deutsches Goldschmiedehaus, Hanau; Villa Bengel, Idar Oberstein **2010** ShopStop Christmas, mobile Galerie Aurum im Museum für Angewandte Kunst, Frankfurt **2011** „Talente", Internationale Handwerksmesse, München **Preise 2006** Gestaltungspreis der Rotary Stiftung Hanau, „kontur konkret", 2. Platz **2008** Swarovski, Innovationspreis **2010** Gestaltungswettbewerb der Werkstatt für angepasste Arbeit Düsseldorf, 2. Platz; BKV-Preis für junges Kunsthandwerk, 1. Preis

Aliki Apoussidou

Gruppenausstellungen 2008 nsaio 3 – new jewellery from Idar-Oberstein, ShopStop im M.A.K, Frankfurt; Novemberaustellung, HAWK Hildesheim **2009** Gruppenausstellung, Goldschmiede Werner Hermsen, Wiesbaden; Zeitgenössische Schmuckausstellung, Werkstattatelier Kathrin Sättele u. Marit Bindernagel; Triennale des norddeutschen Kunsthandwerks; International Craft Exhibition, The Museum of Arts & Crafts, Itami, Japan **2010** Ausstellung Niedersächsischer Staatspreis für das gestaltende Handwerk 2010, Handwerkskammer Hannover; „Paarweise" Galerie Michaela Binder, Berlin; „Balztools und Verbindungsteile" Galerie Friends of Charlotta, Zürich, Schweiz **Messebeteiligungen 2008** Grassimesse Leipzig; Zeughausmesse Berlin **2009** Inhorgenta Europe München; Eunique, Messe für angewandte Kunst, Karlsruhe; Grassimesse Leipzig; Zeughausmesse Berlin **2010** Inhorgenta Europe München; Eunique, Messe für angewandte Kunst, Karlsruhe; Grassimesse Leipzig; Zeughausmesse Berlin **Preise 2009** Innovationspreis der inhorgenta europe; 36. Internationale Fachmesse für Uhren, Schmuck, Edelsteine, Perlen und Technologie **2010** 1. Preis für Angewandte Kunst der Berliner Volksbank auf der Zeughausmesse Berlin

Saskia Detering

Ausstellungsbeteiligungen (Auswahl) 2005 „Gold, Kokosnuss, Edelstahl – Kunstkammerschätze gestern und heute" Kestner-Museum, Hannover; „Reconstruction – Deconstruction", 14. International Silver Competition, Gallery of Art, Legnica, Polen; Grassimesse, Gruppenstand der HAWK Hildesheim, Leipzig **2006** SOFA, New York, USA (vertreten von Charon Kransen Arts); „Metall formen – Metallformen", Handwerksform Hannover; Jahresmesse, Museum für Kunst und Gewerbe, Hamburg **2007** Sonderschau „Schmuck 2007, Internationale Handwerksmesse, München; 15. Internationale Silbertriennale, Gesellschaft für Goldschmiedekunst, Hanau; SOFA, New York, USA; „Expressionen-Positionen", Galerie V&V, Wien, Österreich; SOFA, Chicago, USA; BKV-Preis 2007, Bayerischer Kunstgewerbeverein, München; Jahresmesse, Museum für Kunst und Gewerbe, Hamburg; Galerie Stühler, Berlin **2008** Sonderschau „Schmuck 2008", IHM München; Galerie Spektrum, München; „Im Aufbruch", Wanderausstellung des Bundesverbands Kunsthandwerk; Patina Gallery, Santa Fe, USA; SOFA, New York, USA; Art and Design Fair, New York, USA; Grassimesse, Leipzig **2009** „Tour d'Europe", Mons, Belgien; Galerie Spektrum, München; „Multiplay", friends-of-carlotta, Zürich, Schweiz; SOFA, Chicago, USA; ART Karlsruhe **2010** Tendence, Förderareal des Bundesverbands Kunsthandwerk, Frankfurt; Galerie kontrapunkte (Keramik), Köln; „Orchifune", Galerie V&V, Wien, Österreich; Galerie RA (Gefäß), Amsterdam, Niederlande; „Bijou Sauvage", Design Vlaandern, Brüssel, Belgien **2011** SOFA, New York, USA; „Silbersommerakademie" (Gefäß), Inhorgenta, München; Sonderschau „SCHMUCK 2011", IHM München; „Schmuck und Gefäße", Einzelausstellung, Villa Bengel, Idar-Oberstein **Ankäufe** Museum für Kunst und Gewerbe, Hamburg; Schmuckmuseum, Pforzheim

Georg Dobler

Einzelausstellungen (Auswahl) 1981 Galerie FIDEL ROCA, Sabadell-Barcelona (E) **1982** Galerie RA, Amsterdam (NL) **1983** Galerie V&V, Wien (A) **1984** HET KRUITHUIS, Dienst Beeldende Kunst, s'Hertogenbosch (NL) **1985** Gallery HELEN DRUTT, Philadelphia (USA); Atelier AKUT, Egon Kuhn, Krefeld (D); Galerie MATTAR, Köln (D) **1986** Galerie RA, Amsterdam (NL); Galerie CUBO, Lugano (CH); Werkstattgalerie, Berlin (D); Galerie PHILIPPE DEBRAY; Riihimäki (SF), Finland, **1987** Galerie V&V, Wien (A) **1988** Galerie SPEKTRUM, München (D) **1989** Galerie POSITURA, Barcelona (E); Galerie VIVA PLATA, Madrid (E); Galerie Silvia Kirsch, Bremen (D) **1990** Werkstattgalerie, Berlin (D); Galerie RA, Amsterdam (NL); **1991** Galerie für Modernen Schmuck, Frankfurt/M (D) **1992** Galerie V&V, Wien (A); Galerie SPEKTRUM, München (D) **1993** Werkstattgalerie Friederike Glück, Stuttgart (D) **1994** Galerie für Modernen Schmuck, Frankfurt/M (D), **1995** Gallery HELEN DRUTT, Philadelphia (USA), **1996** Galerie RA, Amsterdam (NL); ART BOX, Waregem-Gent (B) **1997** Galerie Grosche, Castrop-Rauxel (D); Galerie D 19, Chemnitz (D) **1998** Galerie Contius, Solingen (D); Galerie Sofie Lachaert, Antwerpen (B); Gallery HELEN DRUTT, Philadelphia (USA) **1999** Werkstattgalerie Berlin (D) **2000** Galerie Spektrum München (D); Galerie RA, Amsterdam (NL); Grassi Museum, Leipzig Museum für Kunsthandwerk (D) **2001** Gallery HELEN DRUTT, Philadelphia (USA) **2002** Galerie Grosche, Castrop Rauxel, (D); Gallery WEXLER/HELEN DRUTT, Philadelphia, (USA) **2003** Galerie Spektrum, München (D) **2004** Werkstattgalerie Berlin (D) **2005** Galleri HNOSS Göteborg (S); Galerie RA Amsterdam (NL) **2006** Hurong Lou Gallery (in cooperation with Helen Drutt), Philadelphia (USA) **2007** Galerie V&V Wien (A) **2008** MOBILIA Gallery, Cambridge/Boston, MA. (USA); Galerie Pruell, mit Margit Jaeschke, Weiden (D); Galerie Spektrum, mit Winfried Krüger, München (D) **2009** Galerie SLAVIK, mit Margit Jaeschke, Wien (A) **2010** MOBILIA Gallery, mit Margit Jaeschke, Cambridge/Boston, MA. (USA); Galerie RA, Amsterdam, (NL) **2011** Schmuck Museum Pforzheim, Pforzheim, (D); Goldschmiedehaus Hanau, Hanau, (D)

Rahel Fiebelkorn

Auszeichnungen Kammersiegerin, zweite Landessiegerin **Messen** Grassimesse Leipzig **2009–2010** am Stand der HAWK Hildesheim, Inhorgenta München **2010–11** am Stand der HAWK Hildesheim vertreten **Ausstellungen:** April **2011** Schmuck Museum Pforzheim durch C. Hafner

Jochen Garms

Ausstellungen in Berlin, Eckernförde, Friedrichshafen, Hannover, Hildesheim und Osnabrück

Hartwig Gerbracht

Ausstellungsbeteiligungen (Auswahl) 1990–2004 Mainz, Galerieforum der Handwerkskammer Rheinhessen **1994** Hannover, Handwerksform, Garten und Gerät **1995** Mainz, Staats- und Förderpreis des Kunsthandwerks; Hannover, Handwerksform u. Deutsche Post AG, Hausbriefkasten **1998** Trier, Staats- und Förderpreis des Kunsthandwerks **1999** Saarbrücken, Saarländisches Künstlerhaus; Salzgitter, Galerie W. Gau **2000** Derneburg, Galerie Glashaus; Hildesheim, Kunstverein Kehrwiederturm **2001** Insel Föhr, Galerie Hedehusum **2002** Hildesheim, Atelier M. Borchardt **2003** Hannover,

Stiftung Niedersachsenmetall **2006** Hannover, Handwerksform, Metallformen – Metallformen; Derneburg, Galerie Glashaus **2008** Hannover, Handwerksform, Tafelfreuden; Derneburg, Galerie Glashaus **2009** Hannover, Handwerksform, Lichtspiele **2010** München, Galerie der Moderne; Derneburg, Galerie Glashaus **Auszeichnungen** 1995 Förderpreis für das Kunsthandwerk Rheinland-Pfalz; 1. Preis der Deutschen Post AG, Thema: Hausbriefkasten

Eva Harenberg Ullrich

Ausstellungen (Auswahl) 2006 Ausstellungsbeteiligung Leipziger Buchmesse **2007/2008** Ausstellungsbeteiligungen Künstlergruppe arche e.V., Hameln **2008/2009** Ausstellungsbeteiligungen Künstlergruppe arche e.V., Hameln **2008/2009** „Flow – Alles fließt; oder der Blick nach Draußen" Einzelausstellung OKS Galerie, Braunschweig **2009/2010** „Flügelschlag – Kunst über Grenzen", Ausstellungsbeteiligung Kunstprojekt Schmetterlingsgarten, Sayn **2011** „Zeit" erleben, verdichten, nachspüren", Ausstellungsbeteiligung Glashaus Derneburg

Jan Hebach

Gruppenausstellungen (Auswahl) 2006 Ausstellung im Landeskirchenamt Hannover; Um die 30, Galerie Handwerk Koblenz **2008** Kunst und Handwerk Messe im Museum für Kunst und Gewerbe, Hamburg **2009** Galerie Schmuck Kunst Form, Lübeck; Grassimesse Leipzig; Silber für den Altar – 1900 bis heute, August Kestner Museum, Hannover; Kunst und Handwerk Messe im Museum für Kunst und Gewerbe, Hamburg **2010** BKV-Preis 2010 für junges Kunsthandwerk; 16. Silber-Triennale; Grassimesse Leipzig; Kunst und Handwerk Messe im Museum für Kunst und Gewerbe, Hamburg **Auszeichnung 2006** 1.Preis Wettbewerb „Kelch & Patene" ausgeschrieben von der Landeskirche Hannover an der HAWK Hildesheim **Arbeiten in öffentlichen Sammlungen seit 2006** Arbeiten in der öffentlichen Sammlung der Landeskirche Hannover. Diese seit **2007** Ausstellungsstücke des Kestnermuseums Hannover **seit 2010** Arbeit im Museum für Kunst und Gewerbe Hamburg

Mirjam Hiller

Auszeichnungen (Auswahl) 2002 Deutsches Goldschmiedehaus Hanau, Deutschland, „Natur und Zeit" **2004** Schmuckmuseum Pforzheim, Deutschland, „1001 Ringe"; Galerie Ra, Amsterdam, Niederlande, „1001 Ringe"; Galerie Sofie Lachaert, Tielrode, Belgien, „1001 Ringe" **2005** Galerie Hermsen, Wiesbaden, Deutschland, (Zwei-Personenausstellung mit Rudolf Kocea) **2006** Patina Gallery, Santa Fe, USA, „From Beauty's Edge" **2007** SoFA Gallery, Indiana, USA, „Field of Vision" **2008** Galerie Ra, Amsterdam, Niederlande, „The Magic of Emotion" (Einzelausstellung); Bayerisches Nationalmuseum, München, Deutschland, „Bayerischer Staatspreis für Nachwuchsdesigner" **2008** Gallery Funaki, Melbourne, Australien, „Transformation"; Friends of Carlotta, Zürich, Schweiz, „Horror Vacui"; Lucca Preziosa Young, Lucca, Italien; Schmuckmuseum Pforzheim, Deutschland, „Diplomarbeiten" **2009** Cheongju International Craft Biennale, Cheongju, Südkorea, „Outside the box"; viceversa, Lausanne, Schweiz, „geballt" (Einzelausstellung); Galerie Hermsen, Wiesbaden, Deutschland, (Zwei-Personenausstellung mit Tabea Reulecke) **2010** Deutsches Goldschmiedehaus Hanau, Deutschland, „Silbertriennale"; Galerie Hilde Leiss, Hamburg, Deutschland, (Zwei-Personenausstellung mit Hiawatha Seiffert); Galerie Pilartz, Köln Deutschland, „Die Graphik zum Schmuck"; Galerie Legnica, Legnica jewellery festival silver, Legnica, Polen, „minimum"; Galerie Pilartz, Köln Deutschland, „arttogo"; Galerie Slavik, Wien, Österreich, „Schmuckkunst im Wandel der Zeit"; Galerie Stühler, München, Berlin, Deutschland, „Peter Müller, Dagmar Stühler, Mirjam Hiller" **2011** Galeria Reverso, Lissabon, Portugal, „backyard" (Einzelausstellung); Sonderschau der 62. Internationalen Handwerksmesse München,

Deutschland **Ausstellungen (Auswahl)** **2000** 12. Deutscher Nachwuchswettbewerb für Edelstein- und Schmuckgestaltung, Idar-Oberstein, Deutschland **2008** Nachwuchsförderpreis „Schmuck und Gerät" der Bertha Heraeus und Kathinka Platzhoff Stiftung und der Gesellschaft für Goldschmiedekunst e.V., Hanau, Deutschland; BKV-Preis für junges Kunsthandwerk, München, Deutschland; Förderpreis für Kunsthandwerk, Handwerksmuseum Deggendorf, Deutschland; Friends of Carlotta Schmuck- und Förderpreis 08, Zürich, Schweiz (Anerkennung); ISSP Förderpreis junge Schmuckkunst, Schmuckmuseums, Pforzheim, Deutschland **2009** Grassipreis der Galerie Slavik, Grassimesse Leipzig, Deutschland; 10. inhorgenta europe Innovationspreis, München, Deutschland **2010** 19th Legnica International Jewellery Competition, Legnica, Polen (Anerkennung); Cheongju International Craft Biennale, Cheongju, Südkorea (Anerkennung) **Messen (Auswahl)** **2005/2006/2007/2008/2009** Palm Beach 3 SOFA Art Fair, Florida, USA, **2005/2006/2007/2008/2009/2010/2011** SOFA, New York und Chicago, USA **2009/2010** Grassimesse Leipzig, Deutschland **2009/2010/2011** Collect, V&A Museum London, Großbritannien; Internationale Handwerksmesse, München, Deutschland; Object Rotterdam, Rotterdam, Niederlande; inhorgenta europe, München, Deutschland; SOFA West, Santa Fe, USA **Publikationen (Auswahl)** **2002** „Talente" (Katalog/Sonderschau der 54. Internationalen Handwerksmesse München, Deutschland), **2007** „Kunst treibt Blüten/Art is flowering"; Arnoldsche Art Publishers **2008** „500 Pendants and Lockets", Lark Books **2009** „The Compendium Finale of Contemporary Jewellers 2008", Darling Publications Cologne/New York; „500 Enamelled Objects", Lark Books, **2010** „Art meets Jewellery", 20 Jahre Galerie Slavik Wien, Arnoldsche Art Publishers; „Silbertriennale International", Gesellschaft für Goldschmiedekunst, Arnoldsche Art Publishers; „Art Aurea" (Zeitschrift, Heft 3), „Gefühl für den Moment" **2011** „Schmuck 2011" (Katalog/Sonderschau der 62. Internationalen Handwerksmesse München, Deutschland)

Robert Hoffmann

Ausstellungen **2009** „Tatorte – Design braucht Täter", Passagen Köln; DMY – International Designfestival, Berlin; „LICHT", Karena Schuessler Gallery, Berlin **2010** DMY – International Designfestival Berlin; „Mise en Scène", Karena Schuessler Gallery, Berlin **2011** [d3] CONTEST, Köln; TALENTE, München; Salone Satellite, Mailand (2. Preis Salone Satellite Award)

Ruprecht Holsten

Austellungen (Auswahl) **1989** Deutsch-Schwedisches Kunsthandwerk, Stade; Design Nord, Ganderkesee **1990** Sonderschau „Form 90" IFM Frankfurt; German Crafts Sonderausstellung, New York **1991** IFM Asia German Crafts, Sonderausstellung Tokio; Sonderschau „Form 91" IFM Frankfurt; Sonderschau Kunsthandwerk und Design, Koblenz; German Crafts, Sonderausstellung New York; „Artisanat d'art Allemand", Sonderschau Paris **1992** Sonderschau „Form 92" IFM Frankfurt **1994** Sonderschau „Form 94" IFM Frankfurt; „FORM UND DESIGN", Neustadt a. Rbge. **1995** „DIE FARBE BLAU", Neustadt a. Rbge.; „FORMART 95", Lüneburg **1996** Sonderschau „Form 96", IFM Frankfurt; „INS GRÜNE", Kunsthandwerk aus Bremen, Bremen **1998** „INS GRÜNE" Kunsthandwerk aus Bremen im Focke Museum Bremen; Weihnachsschau Kunsthandwerk, Handwerksform Hannover **1999** Sonderschau „Form 99" IFM Frankfurt; contemporary craft, CARLIN GALERY, Paris **2000** FormArt, Maschinenhalle „Friedlicher Nachbar", Bochum **2001** „Frühlingserwachen", Kreismuseum Peine; FormArt, Maschinenhalle „Friedlicher Nachbar" Bochum; Kunstwerk Werkkunst, Schloß Reinbek, Hamburg/Reinbek, **2003** Ausstellung bei AXIS, Tokio **2004** „Kunsthandwerk im Museum", Ostholstein-Museum Eutin **2005** Kunstverein Rotenburg, Kunstturm Rotenburg; „Kunsthandwerk im Museum", Ostholstein-Museum Eutin **2006** Metallformen – Metall formen, Handwerksform Hannover **2007** best european crafts des WCC Luxemburg; „lost values", Sonderausstellung Cheongju/Korea **2008** Grassi Messe Leipzig **2009** crafts of europe, Sonderausstellung WCC-Europe Award Messe Karlsruhe; Kunst und Handwerksmesse, Museum für Kunst und Gewerbe, Hamburg; european prize for applied arts – exhibition Mons, Belgien **Auszeichnungen 1991** Bremer Förderpreis f. d. Kunsthandwerk Bremen **2002** Bochumer Designpreis, Bochum **2004** Hessischer Staatspreis f. d. Kunsthandwerk Frankfurt; Auguste-Papendieck-Preis, Bremen **2007** Förderpreis Kunsthandwerk, Hannover **2010** Nominated for the WCC-Europe Award Karlsruhe **Arbeiten in öffentlichem Besitz** Berlin, Kunstgewerbemuseum; Bremen, Focke-Museum; Bremen, Böttcherstrasse; Hamburg, Museum für Kunst und Gewerbe

Margit Jäschke

Ausstellungen 1992 Rheinsberg, Schloß Rheinsberg/Galerie Zopf, „Schmuck und Collagen" **1994** Lutherstadt Eisleben, Landesbühne Sachsen-Anhalt, „Collagen"; Halle, Deutsche Bank, „Arbeiten auf Papier" **1995** Sangerhausen, Galerie am Kornmarkt, „Collagen" **1996** Halle, Galerie Marktschlößchen, „Papier und andere Geschichten" **1997** Halle, Zeitkunstgalerie, „Tapas oder große Tafel" (mit Andreas Richter) **1998** Rostock-Warnemünde, Galerie Möller, „Schmuck, Arbeiten auf Papier"; Dresden, Staatliche Kunstsammlung Dresden/Albertinum „Spontanes auf der Goldwaage, Collagen und Objekte" **1999** Halle, IMAGO in Halle, „Malerei, Collage" (mit Achim Niemann); Wernigerode, Kunstagentur IMAGO, „Essenzen" **2000** Magdeburg, Galerie Himmelreich, „2x Farbe" (mit Susanne Protzmann); Naumburg, Art im Salztor, „Margit Jäschke, Malerei, Collage, Arbeiten auf Papier" **2002** „Papierseele?", Papierobjekte Kunstverein Röderhof; „Schmuck", Galerie Möller, Rostock-Warnemünde, **2003** „Schmuckkunst" (mit Claudia Baugut) **2004** „Schmuckkunst" (mit Claudia Baugut); „Kost Bar – Schmuck von Margit Jäschke", Die Werkstattgalerie Brodhag, Berlin; „Margit Jäschke Malerei & Papierobjekte", Galerie Kube, Berlin; Margit Jäschke Schmuck, Galerie J. Prüll Schmuck & Gerät, Weiden **2005** IMAGO Kunstagentur Quedlinburg, „Grafik, Papierobjekte"; Kunsthaus Quedlinburg, „Schmuck, Malerei"; Galerie Slavik, Wien **2006** „Malerei, Schmuck, Papierobjekte", R. Jacob, Halle; „Schmuck", Galerie Mangold Leipzig; „Malerei, Papierobjekte, Schmuck", Kloster Bentlage, Rheine **2008** „Haiku", Kunsthalle Villa Kobe, Halle; Galerie Unter den Linden, Rheda Wiedenbrück mit Gritta Götze; „Haiku" Galerie Schmuck und Gerät, Weiden, mit Georg Dobler **2009** „Schmuckkunst – Erzählkunst" Galerie Slavik, Wien mit Georg Dobler **2010** „Jewellery and objects" Mobilia Gallery Bosten/Cambridge mit Georg Dobler **Ausstellungsbeteiligung (Auswahl)** Hannover, Deutschland; Seoul, Korea; Wien, Österreich; Kobe, Japan; Berlin, Deutschland; Schwerin, Deutschland; Insel Mainau, Deutschland; Greifswald, Deutschland; München, Deutschland; Frankfurt a. M., Deutschland; Magdeburg, Deutschland London, England; Wernigerode, Deutschland; Köln, Deutschland; Leipzig, Deutschland; Janau, Deutschland; Karlsruhe, Deutschland; Nijmegen, Niederlande; Hamburg, Deutschland; Erfurt, Deutschland; Dortmund, Deutschland; Groningen, Niederlande; Halle, Deutschland; Freiburg, Deutschland **Arbeiten in Öffentlichen Sammlungen/wichtige Ankäufe 1993** Sammlung des Vereins- und Westbank AG Hamburg **1994** Kultusminister des Landes Sachsen-Anhalt **1995** Commerzbank Halle **1996** Commerzbank Naumburg **1997** Kunstsammlung MEAG Halle **1998** Gasunie Gröningen/Niederlande **1999** Sparkasse Halle **2000** Bundesanstalt für Arbeit Landesarbeitsamt Sachsen-Anhalt-Thüringen **2001** Konzentration GmbH, Willy-Brandt-Haus **2002** Museum für Kunsthandwerk, Grassi Museum Leipzig **2008** Stiftung Moritzburg, Kunstmuseum des Landes Sachsen Anhalt

Gunther Löbach

Ausstellungsbeteiligungen (Auswahl) 2005 Gold, Kokosnuss, Edelstahl – Kunstkammerschätze gestern und heute, Kestnermuseum Hannover **2007–2008** Ausstellung der Finalisten des BKV-Preises 2007 Bayerischer Kunstgewerbe-Verein, München; 52. Kunstmesse, München; Collect – International Art Fair, London (UK); 60.

Internationale Handwerksmesse, München **2008** Sonderschau „Talente"; 60. Internationale Handwerksmesse, München; Finalisten des Bayerischen Staatspreises für Nachwuchsdesigner 2008; Bayerisches Nationalmuseum, München **2008–2009** Ausstellung der Finalisten des BKV-Preises 2008; Bayerischer Kunstgewerbe-Verein, München; 53. Kunstmesse, München; 61. Internationale Handwerksmesse, München **2008–2011** Internationale Wanderausstellung Damaszenerstahl; Kesselhaus, Kolbermoor; Literaturhaus, Immenstadt im Allgäu; Bergbaumuseum des Kreises Altenkirchen; Palagio Fiorentino, Stia (Italien); Cultuurfabriek DRU, Ulft (Niederlande); Ybbsitz (Österreich); Schloss Salder, Salzgitter **2009** scharfeKunst; Lorenzi Int. Stahlwaren/Gallerie Wohlleb, Wien (Österreich); Triennale des Norddeutschen Kunsthandwerks 2009; Schloss Güstrow; Stiftung Schleswig-Holsteinische Landesmuseen, Schloss Gottorf **2009–2010** „Damaszenerstahl – Geschichte einer Legende", Klingenmuseum Solingen **2010** Ausstellung Niedersächsischer Staatspreis für das gestaltende Handwerk Handwerksform Hannover

Thanh-Truc Nguyen

Ausstellungen 2010 Inhorgenta Brand new – new Brand; Grassimesse in Leipzig; „Spring Notes", Galerie Sofie Lachaert in Belgien; „Alles Schmuck", Atelier Sättele und Bindernagel in Hildesheim; „Kunst und Handwerk" im Museum für Kunst und Gewerbe in Hamburg **Sammlungen** Helen Drutt English Collection, Philadelphia, USA

Melanie Nützel

Ausstellungsbeteiligungen 2004 „Gold, Kokosnuss, Edelstahl", Kestner Museum Hannover **2005** Ausstellung AKH, Herrenhäuser Gärten, Hannover; Dekonstruktion – Rekonstruktion, International Silverart Competition, Gallery of Art in Legnica; Grassimesse Leipzig, HAWK Hildesheim **2007** Gemeinschaftsausstellung Roemer- und Pelizaeusmuseum Hildesheim; Exposition „Form und Farbe", Galerie V&V, Wien; „Talents – Tendence", Messe Frankfurt **2008** Inhorgenta München, Sonderschau „Designer Avenue", Sonderschau „Brand New"; "Exclusive" – International Silverart Competition, Gallery of Art in Legnica, „Schichten Geschichten", Villa Dessauer Bamberg, BBK; Grassimesse Leipzig **2009** Inhorgenta München, Eunique, Karlsruhe; „Lust auf Schmuck", Schmuckmuseum Pforzheim; „Tendence", Frankfurt; Designerinnenforum, Bayerischer Kunstgewerbeverein, München, Finalistenausstellung, Junges Kunsthandwerk; SOFA Chicago, Charon Cranson Arts; „Buntmetallkäfer", Fritz am Oranienplatz, Berlin (Einzelausstellung) **2010** IHM München; „ready for take off", Handwerksform Hannover; „Schwarz", Handwerksform Hannover; „Blühende Fantasien", craft2eu, Hamburg; „Stilleben", Craftkontor Bonn; "Offenes Atelier" des Forums für Angewandte Kunst, Nürnberg **2011** Inhorgenta München; „Collect London", Galerie Sophie Lachaert, Belgium; Hermsen, Wiesbaden, Ausstellungsbeteiligung; SOFA New York, Charon Cranson Arts; „Schmuck AusSichten", Hanau, Gemeinschaftsausstellung; „Get emotional", Gallery Testa, Sofia, Bulgarien; Weidenberg

Julia Reymann

Ausstellungen 2004 Inkarma, Berlin; Die Werkstattgalerie Brodhag, Berlin **2005** Talente, Sonderschau der internationalen Handwerksmesse München; Ausstellungsbeteiligung im Frauenmuseum Bonn, 1. Designmesse, Bonn; „Rot", Sommerausstellung der Handwerksform Hannover; Personalausstellung, art:gallery sediwa, Hamburg **2006** „The world isn't grey", Colour Jewellery, O+, Ausstellungsbeteiligung, Brüssel; „Belle Epoque", Themenausstellung, essor, Biel, Schweiz; Schmuckatelier Amica, Giessen; „Talents – Tendence", Messe Frankfurt **2007** „Absolute Beauty", 16th International Silverart Competition, The Gallery of Art in Legnica, Polen; Diana Porter Contemporary Jewellery, Bristol, GB; „Fiktion", Themenausstellung, essor, Biel, Schweiz **2008** Galerie Durynek& Kammler, Eichstätt **2009** The Compendium, Contemporary Jewellery Makers 2008 by Darling Puplications; Goldwerk, Hamburg; „Luxus", Weihnachtsausstellung des Bayerischen Kunstgewerbe-Vereins, München **2010** „ready for take off", Ausstellung, Handwerksform Hannover; „minimum", 19th Legnica International Jewellery Competiton, The Gallery of Art in Legnica, Polen; „Finden", Weihnachtsausstellung des Bayerischen Kunstgewerbe-Vereins, München **2011** „sexy", 20th Legnica International Jewellery Competiton, The Gallery of Art in Legnica, Polen

Claudia Rinneberg

Ausstellungen 2004–2010 Designer's Avenue; Jurierte Ausstellerin; Lucca Perziosa Gievane; Design Podium 2004–2011 Ausstellerin auf der Inhorgenta 2010 Förderpreis für angewandte Kunst Oberbayern 2010 Designer's Open; Grassimesse **Auszeichnungen und Stipendien** 2007 Innovationspreis 2007 Inhorgenta München, 2008 FOC Publikumspreis 2008 Zürich, Schweiz; FOC Anerkennung 2008 Zürich, Schweiz; RRH Stipendium. Alchimia-Lehrstipendium, Florenz, Italien; Leonardo da Vinci Sipendium, Florenz, Italien **Werkstätten Gemeinschaften** Made in Hanau; Aidenriser Werkstätten; Gewerkshaus, Dießen, Seit 2010 RINNEBERG Schmuck + Galerie; Präsentation wichtiger zeitgenössischer Objekthersteller

Isabell Schaupp

Ausstellungsbeteiligungen (Auswahl) 2005 „Gold, Kokosnuss, Edelstahl", Kestner Museum Hannover 2007 RRH Stipendium, Schmuckmuseum Pforzheim 2008 „Winterreise", Galerie Slavik, Wien; „Wenn die Kinder artig sind...", Bayerischer Kunstgewerbeverein, München; „New traditional Jewellery 2008 – Intimacy", Sieraad, Amsterdam; Nachwuchsförderwettbewerb Schmuck und Gerät, Goldschmiedehaus Hanau; Grassimesse, Grassi Museum für Angewandte Kunst, Leipzig; „Transformation", Gallery Funaki International Jewellery Award, Melbourne; SOFA New York/SOFA Chicago, vertreten durch Charon Kransen; „Horror vacui", Friends of Carlotta, Zürich 2009 „Itami international craft exhibition", Museum of Arts and Crafts Itami, Japan; „Luxus", Bayerischer Kunstgewerbeverein, München; „Winterreise", Galerie Slavik, Wien; „New Traditional Jewellery", CODA Museum, Apeldoorn, Niederlande; SOFA New York/Chicago, USA, vertreten durch Charon Kransen; Grassimesse, Grassi Museum, Leipzig; „Triennale des norddeutschen Kunsthandwerks", Schloss Güstrow/Schloss Gottorf; „Evoking Mystery", 22 International Jewellers, DeNovo Gallery, Palo Alto, USA; „Decadence", 18. internationaler Silberkunst Wettbewerb, The Gallery of Art, Legnica, Polen; „Drei Individualisten",die Werksattgalerie, Rosemarie Brodhag, Berlin; „Schmuckkunst der Poesie", Galerie Slavik, Wien 2010 10 Jahre Tielrode + 20 Jahre Galerie Sofie Lachaert, Tielrode, Belgien; „Kunst und Handwerk", Museum für Kunst und Gewerbe, Hamburg; „Winterreise", 20 Jahre Galerie Slavik, Wien; „Silbertiennale", Deutsches Goldschmiedehaus Hanau; „True colours", New Traditional Jewellery, Sieraad Art fair, Amsterdam/Villa Bengel, Idar Oberstein; „Perlen", Galerie Handwerk, München; „Collect 2010" in London mit der Galerie Sofie Lachaert; Stephanie Jendis + Isabell Schaupp, Galerie Hermsen, Wiesbaden; „Natura e Artificio", Museum of Natural History of the Mediterranean, Livorno, Italien; SOFA New York/Santa Fe/Chicago, präsentiert von Charon Kransen; „Spring*", Galerie Sofie Lachaert, Tielrode, Belgien; „Schmuck 2010", IHM München; „Schmucke Zauber Kraft", Galerie Slavik, Wien; „18 Positionen zur zeitgenössischen Schmuck- und Gerätgestaltung", Goldschmiedehaus Hanau; „Staatspreisausstellung" zum Niedersächsischen Staatspreis, Hannover 2011 „European Triennale for Contemporary Jewellery 2011", Anciens Abattoirs, Mons, Belgien; „Danner-Preis 2011", Museum Villa Stuck, München; „Surface and Substance-Contemporary enamel jewellery", Contemporary Applied Arts, London; Grassimesse, Grassi Museum Leipzig; „Umfeld – 2.Schmuckkantine", Moritzburg Halle; „Cominelli Foundation Award", Fondazione Cominelli, Cisano di San Felice del Benaco, Italien; „Conceptional jewellery", Gallery Putti, Riga, Lettland; „Poesie", 10 Jahre Galerie Fatiha Iklef, Hamburg; „Sofia Design Week", Galerie Testa, Bulgarien; „Schmuck mit Email 2011", Museum Ravenstein, Niederlande; „Friedrich Becker Preis 2011", Deutsches Goldschmiedehaus Hanau; „Collect", London, präsentiert von Galerie Sofie Lachaert; „Art to Go", Galerie Pilartz, Köln; SOFA New York, präsentiert von Charon Kransen, USA, „Linientreu", Galerie Craft2eu, Hamburg; IHM 2011, München, Bayerischer Kunstgewerbeverein; „True colours", New traditional jewellery, Museum for Modern Arts in Arnhem, Niederlande

Petra Schmalz

Ausstellungen 2005 Grassimesse Leipzig 2008 Museum für Kunst und Gewerbe, Hamburg 2009 „Blütenzauber" – Handwerksform Hannover

Ines Schwotzer

Messebeteiligungen (Auswahl) Ambiente Frankfurt/Main; Tendence Frankfurt/Main; Grassimesse Leipzig; Handwerk&Design (IHM) München; Eunique Karlsruhe **Ausstellungsbeteiligungen (Auswahl)** Internationale Sonderschauen „Talente 96" sowie „Schmuck 97" auf der IHM **2002** Bauhaus Archiv Museum für Gestaltung Berlin „extrakt – junge Schmuckdesigner in Deutschland" **2003** Galerie Handwerk, München: „Metallformen" **2005** Museum für Kunst und Kulturgeschichte, Dortmund: „Spitzenstücke" **2010** Wasserschloß Klaffenbach, Chemnitz: „51° Ost 49° West/Schnittstellen…"; Galerie V&V, Wien: „Alternatives of textile jewellery" **2011** Galerie Handwerk, München: „Galerie der Preisträger – Bayer, Staatspreis 2005–2010" **Arbeiten in öffentlichen Sammlungen** Museum für Kunsthandwerk Frankfurt am Main; Museum für Kunst und Kulturgeschichte Dortmund; Erzgebirgsmuseum Annaberg-Buchholz **Publikationen Nov./Dez. 1996** „Kunsthandwerk & Design", **Aug./Sep. 1997** „Schmuck-Magazin", **Dezember 1997** „Design-Report", August 2005 „GZ Art & Design" **Dezember 2007** „Burda Modemagazin" **März 2010** „Faszination Stahl" **Preise und Auszeichnungen 1995** Internationaler Wettbewerb „I-Design" für Spitzen und Stickereien der „Fédération Francaise des Dentelles et Broderies", Paris **1996** Förderpreis im „Johann Michael Maucher – Wettbewerb" **1999** Hessischer Staatspreis für das Deutsche Kunsthandwerk **2008** Danner-Ehrenpreis **2009** Bayerischer Staatspreis

Hiawatha Seiffert

Auszeichnungen 2007 3fg award, Förderpreis der Hochschule für angewandte Wissenschaft und Kunst, Hildesheim **2008** BKV-Preis 2008 für Junges Kunsthandwerk, 1. Preis, München; Förderpreis für hervorragende Leistungen der Vereinigung der Handwerkskammern Niedersachsen **2009** Bayerischer Staatspreis für besondere gestalterische Leistung, München **2010** Förderpreis des Niedersächsischen Staatspreises 2010, Hannover; Nominierung (Finalist) WCC-Europe-Eunique-Award 2010, Karlsruhe; Grassipreis der SK Leipzig, Leipzig **Ausstellungsbeteiligungen (Auswahl) 2008–2011** Internationale Wanderausstellung Damaszenerstahl **2008** „BKV-Preis 2008" Galerie für angewandte Kunst, München; Kunstmesse München; Grassimesse, Klasse Prof. Georg Dobler, Museum für angewandte Kunst Leipzig; Kunst und Handwerk Messe Sonderschau Schönheit der Materialien, Museum für Kunst und Gewerbe Hamburg **2009** Inhorgenta, Klasse Prof. Georg Dobler, München; Leipziger Buchmesse, HAWK Hildesheim, Leipzig; Internationale Handwerksmesse (IHM), München; Bayerischer Staatspreis, Galerie für angewandte Kunst und Handwerk, München; Triennale des Norddeutschen Kunsthandwerk, Schleswig-Holsteinische Landesmuseen Gottorf und Schloss Güstrow; WCC-BF/European Prize for applied arts, Mons/Belgien; Kunst und Handwerk Messe Sonderschau Re-Use/das zweite Leben der Materialien, Museum für Kunst und Gewerbe Hamburg **2009–2010** 8. Skulpturenausstellung Schlosspark Köln **2010** Ausstellung zum Niedersächsischen Staatspreis 2010 Handwerksform Hannover; Eunique Arts&Crafts Karlsruhe; Ausstellung mit Mirjam Hiller, Galerie Hilde Leiss, Hamburg; Grassimesse, Museum für angewandte Kunst Leipzig; Deutsches Goldschmiedehaus Hanau; Itami International Craft Exhibition Itami/Tokio, Japan **2010–2012** 16. Silbertriennale **Arbeiten in öffentlichen Sammlungen/öffentlichem Raum** Grassi Museum in Leipzig; Museum für Kunst und Gewerbe Hamburg – Sammlungen Jugendstil und Moderne; Die Pinakothek der Moderne – Die Neue Sammlung München; Schlosspark Köln

Alexander Seitz

Ausstellungen 2007 Metallskulptur „Storch", Niedersächsischer Landtag, Hannover; Installation „Digital Imbiss", Leipziger Buchmesse, Leipzig; Design Mai, Berlin 2009 Installation „Audio Recycling Maschine", Landart, Bruchhof, Stadthagen; „Nacht der Klänge", Universität Bielefeld; „Bestandsaufnahme", Rathaus, Hildesheim; Metallschale, o.T., Grassimesse, Leipzig 2010 Kupferschale, o.T. Grassimesse, Leipzig; Kupferschale, o.T. Inhorgenta, München

Stefan Strube

Ausstellungen/Gruppenausstellungen 2007–2009 HAWK Hildesheim, Novemberausstellung 2008–2009 Grassimesse Leipzig, Ausstellungsbeteiligung 2009 Inhorgenta München, Ausstellungsbeteiligung; Museum für Kunst und Gewerbe Hamburg, Sonderschau zur Messe „Re-Use – Das zweite Leben der Materialien" 2010 Inhorgenta München, Forum Silberschmiede; Internationale Handwerksmesse München, Sonderschau Talente; Galerie Rosemarie Jäger „Becher 2 und Schmuck", Ausstellungsbeteiligung; schwarz: Handwerksform Hannover, Ausstellungsbeteiligung; Kunstgewerbemuseum, Schloss Pillnitz, Staatliche, Kunstsammlungen Dresden, „NEUE DINGE. Aktuelle Erwerbungen und junges Design", Ausstellungsbeteiligung; Grassimesse Leipzig; craft2eu, domestic affairs, Ausstellungsbeteiligung; Silbertriennale International; Museum für Kunst und Gewerbe Hamburg, „Kunst und Handwerk 2010 – Messe im Museum", Ausstellungsbeteiligung 2011 „Tisch und Tafel", Schloss Landestrost, Neustadt, Ausstellungsbeteiligung, Museum für angewandte Kunst Frankfurt, 10. Triennale für Form und Inhalte 2011, „Materials Revisited", Ausstellungsbeteiligung **Auszeichnungen** 2009 1. Preis 3fg-Award 2010 Inhorgenta europe Silber Ehrenpreis 2010; 3.Lions Club Hanau nachwuchsförderpreis, Silbertriennale, International **Arbeiten in öffentlichen Sammlungen** 2009 Kunstgewerbemuseum, Schloss Pillnitz, Staatliche Kunstsammlungen Dresden, „Trinkgefäße" 2010 Museum für Kunst und Gewerbe Hamburg, „Trinkgefäße"

Somchart Suphanaphasote

Ausstellungen/Anerkennungen 2000 2. Platz Wettbewerb „WASSER 2000" Stadt Hildesheim, Deutschland 2002 Teilnehmer „LUNA CHRISTI" Osterleuchter Ausstellung an St. Andreas Kirche, Hildesheim, Deutschland 2006 Teilnehmer „Jubilee 60 years Monarchy of King Bhumiphol" Ausstellung in Bangkok, Thailand

Ralf Tegtmeier

Ausstellungsbeteiligungen 2002 „Vom Element zum Objekt" in Hannover; Teilnahme an Wanderausstellung „Lumen Christi", 2005 „Schmuck und Größer" Künstlerhaus Göttingen 2006 Triennale des norddeutschen Kunsthandwerks 2006,2007 Kunsthandwerkermarkt im KuBa Kassel 2006/2007/2008/2009 Kulturelle Landpartie Wendland 2008 Ausstellung der Gruppe für angewandte Kunst Heidelberg 2008, 2010 „Das Gelbe vom Ei" Pforzheim 2010 Angewandte Kunst Schloss Landestrost Neustadt

Silke Trekel

Preise, Stipendien 1998 Graduiertenstipendium des Landes Sachsen-Anhalt 2001 Arbeitsstipendium des Landes Sachsen-Anhalt 2002 Arbeitsstipendium der Stiftung Kulturfonds Berlin 2006 Arbeitsstipendium der Kunststiftung des Landes Sachsen-Anhalt 2007 Artist in Residence der Jakob-Bengel-Stiftung, Idar-Oberstein 2010 Artist

Silke Wrede

in Residence am ISCP in New York, Arbeitsstipendium der Kunststiftung des Landes Sachsen-Anhalt **Arbeiten in öffentlichen Sammlungen** Marzee-Collection, Nijmegen; Museum of Arts and Design, New York; Victoria & Albert Museum, London; Grassi Museum für Angewandte Kunst, Leipzig; Lotte Reimers- Stiftung Deidesheim; Museum für Natur & Stadtkultur Schwäbisch Gmünd; Sammlung der Burg Giebichenstein; Stiftung Moritzburg – Kunstmuseum des Landes Sachsen-Anhalt, Halle; Städtische Sammlung Idar-Oberstein **Einzelausstellungen 2000 / 2002 / 2004 / 2007 / 2009** Galerie MARZEE Nijmegen (Niederlande) **2006** Galerie HNOSS, Göteborg (Schweden) **2011** Galerie FINGERS, Auckland (Neuseeland) **Ausstellungsbeteiligungen** Seit **1994** in nationalen und internationalen Museen und Galerien **2007** „hnoss-10 years-jubilée-exhibition", Röhsska Museum, Göteborg (Schweden); Artists in Residence der Jakob Bengel Siftung, FH Idar-Oberstein; Atelier Ravary Workshop, Galerie MARZEE Nijmegen (Niederlande) **2008** „Die Sprache der Dinge – Einblicke in das keramische Werk von Lotte Reimers und ihre Sammlung internationalen Kunsthandwerks", Pfalzmuseum Forchheim; „Krawatte und Krawattennadel", Handwerksmuseum Deggendorf; Grassimesse 2008, Grassi Museum Leipzig; „The Pendant Show" Velvet da Vinci Gallery, San Francisco (USA) **2009** „International Contemporary Jewellery" represented by Charon Kransen Arts at SOFA New York (USA); „Erste Schmuckkantine", Schmuckgalerie Mangold Leipzig, Galerie Salonfähig Halle, The Gallery Antwerpen (Belgien), Galerie Schmuckfrage Berlin; „Krawatte und Krawattennadel", Kreismuseum Zons Dormagen; „Second International Jewellery Exhibition", Museum voor vlakglas- en emaillekunst, Ravenstein (Niederlande); „Triennale des norddeutschen Kunsthandwerks 2009", Schloss Güstrow, Stiftung Schleswig-Holsteinische Landesmuseen Schloss Gottorf; „Grassimesse 2009", Grassi Museum für Angewandte Kunst, Leipzig **2010** „International Contemporary Jewellery" represented by Charon Kransen Arts at SOFA New York and Santa Fe (USA); „OPEN STUDIOS", ISCP New York (USA); „Contemporary Jewellery", Villa de Bondt, Gent (Belgium); „Premio Fondazione Cominelli Award", Padua (Italien) ; „Plastic Jewellery", Velvet da Vinci Gallery, San Francisco (USA); „Grassimesse 2010", Grassi Museum für Angewandte Kunst, Leipzig; „First International Bagués-Masriera Enamel Award", The Royal Academy, Barcelona (Spain), **2011** „IHM 2011", Bayerischer Kunstgewerbeverein, München; „Castles, Miniatures, Astrology and Alchemy. Carraresi's Padua in Contemporary Jewellery", Oratoria of San Rocco, Padua

Ausstellungsbeteiligungen 2004/2005 Galerie Kramer, Löhne; Grassimesse im Grassi Museum, Leipzig; Elsbachhaus, Herford **2006** Crusoe-Halle, Bremen **2006, 2009** Handwerksform, Hannover **2006, 2009** Designers Open, Leipzig **2008** IHM München, **2009** Inhorgenta München; Aaron Faber Gallery, New York **2009/2010/2011** Zeughausmesse, Berlin

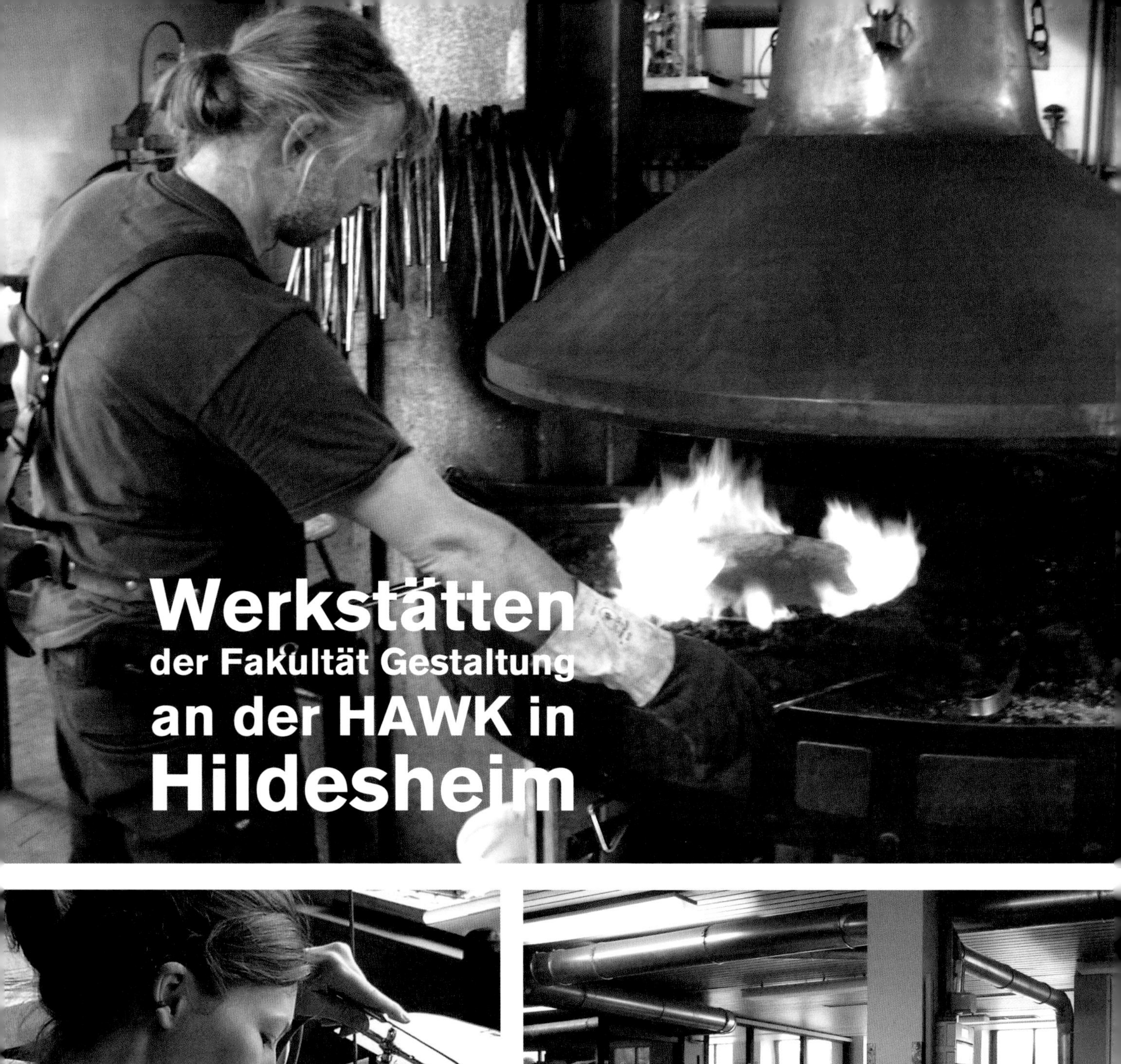

Werkstätten
der Fakultät Gestaltung
an der HAWK in Hildesheim

Dank

Die Metallgestalter der Fakultät Gestaltung, besonders Georg Dobler, Hartwig Gerbracht, Ellen Ropeter und Cord Theinert, bedanken sich bei dem Kolloquium Nordrhein-Westfalen für die freundliche und großzügige Unterstützung.

Dank den Museumsdirektoren und Kuratoren, die das Konzept des Kolloquium NRW und somit junge Künstlerinnen und Künstler unterstützen **Dank** dem Deutschen Klingenmuseum, Solingen, Frau Dr. Barbara Grotkamp-Schepers **Dank** dem Deutschen Goldschmiedehaus, Hanau, Frau Dr. Christianne Weber-Stöber, **Dank** dem Wasserschloss Klaffenbach, Chemnitz, Frau Eva Kühnert, **Dank** dem Handwerksforum Hannover, Frau Dr. Sabine Wilp **Dank** der Jury, für ihren Sachverstand und ihre Diskussionsfreudigkeit. Die Jury: Prof. Werner Bünck, Dr. Barbara Grotkamp-Schepers, Jan Wege, Jutta Vondran, Dr. Christianne Weber-Stöber, **Dank** den Autoren: Werner Bünck, Barbara Maas, Jutta Vondran, Ruprecht Vondran **Dank** allen Künstlerinnen, Künstlern, Kunsthandwerkerinnen und Kunsthandwerkern, die uns ihre Arbeiten zur Verfügung gestellt und zusätzlich persönliche Statements zu ihrer Arbeit sowie Objektbeschreibungen formuliert haben. **Dank** dem Editorial Design Kurs der HAWK, Fakultät Gestaltung mit Christina Benke, Jasmin Drubel, Wilhelm Eckert, Katharina Jourdan, Tatjana Krake, Christopher-David Lane, Inga Olsen, Jennifer Schranz, Margarita Steinhauer, Mirjana Teuner, der unter der Leitung von Prof. Dominika Hasse dieses Buch konzipiert hat. Ein ganz besonderer **Dank** gebührt Jasmin Drubel, Wilhelm Eckert, Christopher-David Lane sowie Mirjana Teuner für Ihren unermüdlichen Einsatz in der Schlussphase der Produktion sowie Stephanie Schober und Tatjana Mitschke, die trotz Urlaub und Krankheit dem Projekt zur Realisierung verholfen haben. **Dank** der Antalis GmbH für das Vorsatzpapier **Dank** der ARNOLDSCHEN Verlagsanstalt GmbH, Dirk Allgaier **Dank** Frau Hannah-Ricarda Clauß, die als Tutorin die redaktionelle Arbeit unterstützt hat. **Dank**, last but not least, Frau Jutta Vondran.

Impressum

Herausgeber
HAWK Hochschule für angewandte Wissenschaft und Kunst Hildesheim/Holzminden/Göttingen, Fakultät Gestaltung, Lehrgebiet Metallgestaltung, Kaiserstrasse 43–45, 31134 Hildesheim, Telefon: 05121/881-301, www.hawk-hhg.de

Kolloquium Nordrhein-Westfalen
Projektmanagerin Kolloquium NRW Jutta Vondran
Urbacher Allee 63, 40593 Düsseldorf
Telefon 0211/7182231, www.kolloquium-nrw.de

© 2011 HAWK Hochschule für angewandte Wissenschaft und Kunst; Kolloquium Nordrhein-Westfalen; ARNOLDSCHE Art Publishers, Stuttgart, und die Autoren. Alle Rechte vorbehalten. Vervielfältigung und Wiedergabe auf jegliche Weise (grafisch, elektronisch und fotomechanisch sowie der Gebrauch von Systemen zur Datenrückgewinnung) – auch in Auszügen – nur mit schriftlicher Genehmigung der ARNOLDSCHE Art Publishers, Liststraße 9, D–70180 Stuttgart.
www.arnoldsche.com
© VG Bild-Kunst, Bonn 2011: Alexander Seitz, Thomas Leu, Peter Skubic, Silke Trekel. Alle weiteren Bildrechte liegen bei den jeweiligen Verfassern oder der Fakultät Gestaltung der HAWK in Hildesheim.

Gestaltung, Layout und Satz Editorial Design Team der HAWK: beteiligt waren Jasmin Drubel, Wilhelm Eckert, Christopher-David Lane, Inga Olsen, Jennifer Schranz, Mirjana Teuner. Der Basisentwurf stammt von Jennifer Schranz, die Titelgestaltung von Wilhelm Eckert.
Projektleitung Prof. Dominika Hasse
Projektassistenz Dipl.-Des. (FH) Tatjana Mitschke und Stephanie Schober, Projektlabor
Druck Carl Küster Druckerei GmbH
Papier Profibulk 1,1 Vol., 150 g **Umschlag** The Tube, black, 130 g
Vorsatz Curious Metallics Onyx, 120 g
Antalis GmbH (Exklusivvertrieb)

Bibliografische Information der Deutschen Nationalbibliothek
Die Deutsche Nationalbibliothek verzeichnet diese Publikation in der Deutschen Nationalbibliografie; detaillierte bibliografische Daten sind im Internet über http://dnb.d-nb.de abrufbar.
ISBN 978-3-89790-364-7